Como usar
o rádio
na sala de aula

COLEÇÃO
COMO USAR NA SALA DE AULA

COLEÇÃO
como usar
na sala de aula

como usar ARTES VISUAIS na sala de aula
Katia Helena Pereira

como usar AS HISTÓRIAS EM QUADRINHOS na sala de aula
Angela Rama e Waldomiro Vergueiro (orgs.)

como usar A LITERATURA INFANTIL na sala de aula
Maria Alice Faria

como usar A MÚSICA na sala de aula
Martins Ferreira

como usar A TELEVISÃO na sala de aula
Marcos Napolitano

como usar O CINEMA na sala de aula
Marcos Napolitano

como usar O JORNAL na sala de aula
Maria Alice Faria

como usar A INTERNET na sala de aula
Juvenal Zanchetta Jr.

como usar O TEATRO na sala de aula
Vic Vieira Granero

como usar OUTRAS LINGUAGENS na sala de aula
Beatriz Marcondes, Gilda Menezes e Thaís Toshimitsu

Como usar
o rádio
na sala de aula

Marciel Consani

Copyright © 2007 Marciel Consani
Todos os direitos desta edição reservados à
Editora Contexto (Editora Pinsky Ltda.)

Capa
Gustavo S. Vilas Boas

Diagramação
Gapp Design

Revisão
Daniela Marini Iwamoto
Daniel Seraphim

Dados Internacionais de Catalogação na Publicação (CIP)
(Câmara Brasileira do Livro, SP, Brasil)

Consani, Marciel
  Como usar o rádio na sala de aula / Marciel Consani. –2. ed.–
São Paulo : Contexto, 2015. (Coleção Como usar na sala de aula)

  Bibliografia.
  ISBN 978-85-7244-356-2

  1. Rádio - Linguagem   2. Rádio na educação   3. Sala de aula -
Direção   I. Título.

07-0825   CDD-371.3331

Índices para catálogo sistemático:
1. Linguagem radiofônica : Uso na escola : Educação 371.3331
2. Rádio na sala de aula : Educação 371.3331

2015

Editora Contexto
Diretor editorial: *Jaime Pinsky*

Rua Dr. José Elias, 520 – Alto da Lapa
05083-030 – São Paulo – SP
PABX: (11) 3832 5838
contexto@editoracontexto.com.br
www.editoracontexto.com.br

SUMÁRIO

Apresentação 7
Introdução 9
    Comunicação e educação 9
    Processos educativos, processos comunicativos 10
    Educomunicação: uma abordagem diferenciada 12
    De que estamos falando, afinal? 13
Por que o rádio na escola? 17
    O rádio de que falamos 17
    O que o rádio tem de tão especial? 18
    As tecnologias do rádio 21
    Como o rádio veio ao mundo: um breve histórico 24
    A questão da oralidade 27
    Rádio e educação 33
    A questão dos pré-requisitos 36
    Conteúdos pertinentes ao rádio na sala de aula 37
    Resumo 42
Montando uma rádio na escola 43
    Montar uma rádio? 43
    Começando um projeto de rádio 44
    As etapas do trabalho 48
    A rotina de operação da rádio 63
    Resumo 74
As produções de rádio 75
    Gênero jornalístico 79
    Gêneros cultural e educativo 92
    Gênero publicitário 98
    Gênero de entretenimento 104
    Transversalidade e rádio 110
    Resumo 112
Atividades sugeridas 113
    Pré-requisitos 113
    Visão do conjunto: o *checklist* 114

Classificação das atividades 116
Estrutura das atividades 116
Atividades clássicas (AC) 117
Dinâmicas de apresentação e sensibilização (DAS) 122
Universo da comunicação (UC) 130
Projeto de rádio (PR) 138
Projetos transdisciplinares 159
Organizando um festival de música 160
Resumo 173

GLOSSÁRIO 175

REFERÊNCIAS BIBLIOGRÁFICAS 183

AGRADECIMENTOS 189

APRESENTAÇÃO

Este livro foi inicialmente concebido para ser um guia de referência sobre o uso da linguagem radiofônica em ambientes educativos. Ele parte da ideia de que a proposta pode ser conhecida e desenvolvida por educadores de todas as áreas e graus de especialização.

Para integrar tais conhecimentos no âmbito desta obra, foi concebida a seguinte estrutura básica:

- Na seção inicial, são introduzidos os temas do livro e a metodologia empregada em sua abordagem.

- O capítulo "Por que o rádio na escola?" se ocupa de justificar a escolha do rádio – ou, mais propriamente, da linguagem radiofônica – como um recurso privilegiado para o aprimoramento de processos educativos. Além das características peculiares e por vezes desconhecidas do rádio, são enfatizados os aspectos históricos e conceituais desta mídia.

- O capítulo "Montando uma rádio na escola" proporciona ao leitor um panorama geral dos aspectos práticos envolvidos na montagem de uma rádio restrita dentro de uma escola. Os requisitos, cuidados e procedimentos indicados para concretizar um projeto de radioescola são assim detalhados para que o professor se conscientize das vantagens e também dos encargos inerentes a um projeto dessa natureza.

- No capítulo "As produções de rádio" serão abordadas as produções que podem ser realizadas em rádio, com ênfase para aquelas mais adequadas ao contexto escolar.

- O capítulo "Atividades sugeridas" consiste numa coletânea de atividades escolares envolvendo a linguagem radiofônica, organizadas por modalidade e com indicação de grau de complexidade.

- A seção final contém um glossário de termos técnicos e radiofônicos – cujos verbetes aparecem sublinhados no texto desta obra –, referências e outras informações complementares.

Cada capítulo é precedido por uma introdução sobre o tópico específico de que ele trata e finalizado com um resumo sintético dos principais conceitos desenvolvidos.

Essa organização particular visa situar o professor em relação aos temas – principalmente os que ele ainda não domina –, facilitando a pesquisa.

Também para orientar o leitor, recorremos ao expediente dos *indicogramas*, uma série de pequenos sinais em forma de ícone que pontuam aspectos particulares de cada tópico.

O quadro a seguir apresenta a relação dos indicogramas usados no texto e o significado convencional que aqui lhes é atribuído.

INDICOGRAMAS

CONTEÚDOS	
?	⚷
PERGUNTAS-CHAVE	CONCEITOS-CHAVE
HABILIDADES E ATITUDES	REFERÊNCIAS
✏	✂
TOME NOTA	ATIVIDADES EM DESTAQUE

INTRODUÇÃO

COMUNICAÇÃO E EDUCAÇÃO

Várias são as linhas que se entrecruzam nesta obra, mas a Educação e a Comunicação constituem, sem dúvida, seus dois grandes eixos epistemológicos.

Habitualmente nos acostumamos a pensar nesses dois grandes campos do conhecimento como distintos, independentes e até divergentes em seus pressupostos e intenções.

Do ponto de vista prático, entretanto, podemos constatar que tanto um quanto outro lidam com as interações entre as pessoas, mediadas por agentes especializados (indivíduos que se dedicam especificamente a esse trabalho), e visam, de um modo geral, a aprimorar as relações sociais.

Por esse prisma, podemos compreender os numerosos pontos em comum entre a missão do educador e a do comunicador, tais como:

- preservar e ampliar os saberes constituídos;

- manter a coesão do tecido social;

- sustentar a lógica do sistema de produção e consumo;

- fortalecer o estado de direito;

- melhorar a relação interpessoal (entre os indivíduos);

- melhorar a relação intrapessoal (dos indivíduos consigo mesmos).

Note-se que esse pequeno rol de atuações combina esferas de interesse pessoal e social, sugerindo, talvez, que as posições aparentemente opostas de um e outro sejam, na verdade, convergentes.

Além dessas, muitas outras atribuições poderiam ser associadas indistintamente à Comunicação ou à Educação, mas é importante também não perdermos de vista as especificidades de uma e de outra.

Para compreender melhor a questão, podemos extrapolar a delimitação formal entre a Educação e a Comunicação para analisar o que fazem uma e outra em termos de *processos*.

Processos educativos, processos comunicativos

Desde que a humanidade começou a perpetuar seus registros no tempo, compondo a História, chegam evidências de que os grupos humanos têm desenvolvido de forma progressivamente mais sistemática *processos educativos* e *processos comunicativos*, ambos entendidos basicamente como

> ações objetivas direcionadas para a organização e a transmissão de conhecimentos de um indivíduo a outro.

Tais ações, porém, divergem bastante nos aspectos analisados a seguir.

Alcance

Enquanto os *processos comunicativos* (PCs) tendem a expandir seu *âmbito geográfico*, buscando um número sempre maior de interlocutores, os *processos educativos* (PEs) demonstram grande preocupação com a preservação da mensagem transmitida, o que estende seu alcance no *âmbito histórico*.

Objetivo prioritário

Os PEs visam quase sempre a um fim utilitário que pode ser o de instruir sobre o uso de tecnologias, disseminar um certo matiz linguístico ou validar uma moral específica, entre outros.

Já os PCs costumam ainda sustentar o que poderíamos chamar de uma "distinção menor entre meios e fins", podendo até, em certa medida, ser tomados como "espontaneístas".

Sentido da informação

Os PCs se pautam, em princípio, pela multidirecionalidade. Os PEs, estruturados em objetivos mais estritos, costumam centralizar o fluxo da informação no sentido do educador (geralmente chamado professor) para o educando (aluno).

No campo da Comunicação, imperaram durante algum tempo teorias que reconheciam o poder irresistível dos emissores sobre os receptores. A corrente funcionalista, não obstante superada entre os próprios comunicadores, repercutiu profundamente na área pedagógica, dando suporte ao behaviorismo e instituindo o permanente viés crítico com que se analisam as mídias na escola.

Relação entre os agentes do processo

No item anterior, ficou clara a existência de uma primazia do emissor nos PEs. Na verdade, seria mais exato dizer que a Educação enfatiza o ato de transmitir a informação mais do que o de recebê-la.

Por sua vez, os PCs, nos dias de hoje, alimentam uma grande preocupação com *quem recebe a mensagem*, inclusive pela identificação deste personagem com o consumidor.

Relação com os poderes constituídos

Neste parâmetro, a distinção é mais clara. Pode-se considerar a relação íntima dos PEs com o Estado (o poder político constituído), na medida em que, a partir do Iluminismo, este assume a universalização do ensino como uma de suas funções.

Os PCs, por seu turno, apesar de geridos pelo Estado (que aprendeu rapidamente a usá-los para sustentar-se politicamente), acabam se identificando mais com os setores produtivos (o poder econômico), uma vez que o poder do capital investe pesadamente na indústria da informação.

Outros aspectos de intersecção entre PEs e PCs poderiam ser examinados. Porém, dentro do escopo deste livro – isto é, para construir uma visão abrangente e objetiva da relação Comunicação-Educação –, já avançamos bastante.

Sem dúvida, é fundamental para o educador responsável estar atento à convergência histórica de interesses entre a Educação e a Comunicação, especialmente quando as Tecnologias da Informação e Comunicação (TICs) se esforçam para diluir os limites entre acessar dados e aprender, ou, segundo alguns, entre *informação* e *conhecimento*.

EDUCOMUNICAÇÃO: UMA ABORDAGEM DIFERENCIADA

As reflexões até aqui desenvolvidas tiveram como objetivos:

- situar criticamente o professor-leitor no universo das relações entre a Comunicação (origem do rádio e de sua linguagem) e a Educação (destino do trabalho pedagógico aqui proposto);
- inserir o professor-leitor no debate sobre o uso dos meios de comunicação na escola, não apenas como recursos de apoio a um fazer pedagógico estabelecido, mas como interfaces que ajudem a cumprir a promessa permanente de uma educação democrática e universal que a escola ainda sustenta;
- introduzir conceitos referentes ao fazer comunicativo e que são indispensáveis para que o educador se aproprie da radiofonia (e de outras linguagens) com todo o seu potencial "revolucionário".

O diferencial mais importante deste livro é a proposição de uma abordagem que busque não conciliar, mas, sim, subverter radicalmente os conceitos pedagógicos e comunicativos vigentes.

Tratamos aqui da *educomunicação*.

DE QUE ESTAMOS FALANDO, AFINAL?

A palavra *educomunicação*, que não é tão nova quanto possa aparentar, não pretende descrever o "atrelamento" de recursos comunicacionais num projeto pedagógico na escola. Também não quer dizer o contrário, isto é, que o campo da comunicação resolveu encampar a função institucionalizada da escola e substituir os professores por...comunicadores.

O termo vem sendo utilizado, há algum tempo, por estudiosos da comunicação (principalmente alguns autores latino-americanos) e, embora seja cada vez mais comum na mídia, sua ocorrência – e a de expressões correlatas como "educomunicativo", "educomunicador" e outras – define, às vezes, objetos de estudo diferentes.

No caso particular dos estudos desenvolvidos pelo Núcleo de Comunicação e Educação da Escola de Comunicação e Artes da Universidade de São Paulo (NCE da ECA-USP), a palavra designa especificamente um campo emergente (e diferente) de estudos e práticas que não pode ser de todo absorvido (ou justificado, ou explicado) nem pela Comunicação nem pela Educação (ou pela Pedagogia).

Mais do que uma questão semântica, o que os pesquisadores do NCE propõem é o reconhecimento de que ocorrem, em todos os espaços educativos, ações espontâneas ou sistemáticas, mais ou menos conscientes, que apontam para a transformação do paradigma educacional tal qual o conhecemos até hoje.

 Nesse contexto particular, as mídias e a mediação comunicativa não representam apenas "recursos a mais" dentro de um fazer já estruturado, mas, sim, o veículo, a situação e o ambiente privilegiados para sustentar a tríade conteúdos-habilidades-atitudes.

A educomunicação propõe

a construção de ecossistemas comunicativos abertos, dialógicos e criativos, nos espaços educativos, quebrando a hierarquia na distribuição do saber, justamente pelo reconhecimento de que todas as pessoas envolvidas no fluxo da informação são produtoras de cultura, independentemente de sua função operacional no ambiente escolar. (NCE da ECA-USP)

Do ponto de vista prático, algumas das transformações mais significativas no trabalho do professor propostas pelo novo campo seriam:

- *A noção do espaço educativo como um ecossistema aberto* – no qual as relações entre educadores e educandos devem ser simétricas e bidirecionais (ou dialógicas, como diria Paulo Freire). Neste contexto, nos referimos ao papel do professor (aquele que *professa*) não como um transmissor de saberes ou um *ensinante*, mas como um *mediador* de situações e processos educativos.

- *A gestão compartilhada dos processos educomunicativos* – um desdobramento natural do pressuposto anterior, já que o sentido da hierarquia e previsibilidade da relação ensino-aprendizagem é substituída pelo compartilhamento de situações e processos criativos que propiciem a verdadeira construção do conhecimento.

- *A transversalidade do discurso* – que é um conceito até certo ponto assimilado pelo pensamento didático-pedagógico (vide textos da Nova LDB e dos PCNs), mas, de um modo geral, timidamente praticado. Uma mudança nesse sentido poderia conduzir ao *pensamento transdisciplinar.*

- *Pensamento transdisciplinar* – que liberta o fazer educativo dos cânones ritualizados, das grades curriculares engessadas e de todo um conjunto de procedimentos regimentais, criados num momento histórico que buscava uma escola "produtiva" e que hoje revela-se irremediavelmente anacrônico.

- *O emprego privilegiado da expressão comunicativa por meio da arte* – que devolve a centralidade da dimensão afetiva à Educação, uma tendência já antecipada, há algumas décadas, pelo movimento pedagógico da Arte-Educação.

Como se vê até aqui, nenhum dos pressupostos defendidos pela educomunicação é totalmente desconhecido ou conflitante com as diretrizes defendidas pela escola contemporânea.

A contribuição maior deste aporte filosófico e teórico reside na experiência prática acumulada pelo NCE em parcerias notadamente – mas não exclusivamente – com escolas públicas de vários estados brasileiros.

Uma grande parte das ações desenvolvidas nesses projetos se apoia no emprego da *linguagem radiofônica* com o amplo leque de possibilidades didáticas e pedagógicas que ela oferece.

Compartilhar tal experiência e visão é a proposta essencial deste livro.

POR QUE O RÁDIO NA ESCOLA?

O RÁDIO DE QUE FALAMOS

Quando falamos em "usar o rádio na escola", é quase inevitável pensar, num primeiro momento, na prática da audição dirigida de programas radiofônicos com fins didáticos, ou seja, de programas comerciais dentro de uma "leitura crítica".

É importante frisar que a análise da recepção midiática é uma vertente possível de trabalho com o rádio em sala de aula. A ela, inclusive, dedicaremos algumas sugestões de atividade (ver capítulo "Atividades sugeridas" exercícios UC 03, PR 10, PR 14 e PR 15).

O foco deste livro, entretanto, recairá sobre *o uso do rádio como recurso de produção e abordagem de conteúdos pedagógicos*, entre outras razões, pela crença de que o potencial dialógico do rádio oferece muito mais possibilidades de trabalho que quaisquer estratégias de audição em classe.

Embora devamos reconhecer o valor de iniciativas históricas que buscaram transformar a radiofonia num instrumento de integração nacional dentro de uma abordagem educativa, consideramos que o momento atual não só permite que a escola produza seus programas de rádio (pela disponibilidade de tecnologia), como também nos obriga a dar "voz e vez" aos discentes e a toda a comunidade educativa.

Dentro desse contexto, consideramos o rádio como um recurso privilegiado.

O QUE O RÁDIO TEM DE TÃO ESPECIAL?

Pode ser que muitos jovens de hoje definam o rádio como "uma televisão sem imagem". Nada mais impreciso. Primeiro, por ser uma análise conduzida a partir de uma qualidade negativa, isto é, algo que o rádio não tem; segundo, porque esse juízo ignora totalmente quase um século de história, no qual o rádio surgiu, para levar informação e entretenimento aos lares do mundo, prosperando sem concorrência durante mais de três décadas, até a chegada da televisão.

Existe um notável vício histórico de se profetizar o fim da radiofonia por conta de sua obsolescência tecnológica. Os profetas dessa morte anunciada tiveram que enfrentar o desmentido de suas previsões. Fato é que, até hoje, o rádio segue firme e forte, a despeito de todos os vaticínios sobre a sua extinção.

Devem haver, portanto, excelentes razões para que essa mídia de massa continue popular. Além de resistir à concorrência das tecnologias que surgem diariamente, o rádio ainda consegue inserir-se nelas de maneira quase sub-reptícia, como atestam os fenômenos da _webradio_ e do _podcast_.

> Por que o rádio ainda se mantém em alta entre os meios de comunicação?

As próprias características do veículo rádio ajudam a responder a essa questão. Podemos nos referir a elas como:

- intrínsecas;
- extrínsecas;
- potenciais.

Vamos detalhá-las.

Intrínsecas – inerentes à especificidade do meio, por razões predominantemente técnicas.

- **Liberdade imaginativa** – o rádio favorece a imaginação na medida em que, ao contrário dos meios visuais, ele não entrega a versão pronta e acabada dos fatos na forma de imagens.

- **Alcance humano** – o rádio atinge grandes parcelas da população, pessoas que ouvem determinado programa sempre no mesmo horário. Poderíamos chamar isso de "fidelidade" do ouvinte.

- **Alcance geográfico** – o alcance do meio é considerável, já que, diferentemente das mídias impressas, a estrutura da radiodifusão tem uma cobertura virtualmente global.

- **Simplicidade de produção** – os recursos técnicos básicos exigidos pelo rádio são mínimos: um repórter com um gravador. Isso o coloca em vantagem em relação aos meios impressos e até sobre a TV.

- **Baixo custo** – por conta da especificidade relatada no item anterior, o custo de produção, que pode ser traduzido na relação *número de ouvintes* x *despesa de produção*, é ainda um dos mais vantajosos, quando comparado com outras mídias (inclusive a internet).

- **Agilidade** – o rádio tem condições técnicas de reportar notícias antes dos outros meios, devido justamente à já mencionada simplicidade técnica. Para checar esse dado, pode-se comparar o esforço e tempo despendidos para se montar um *set* de gravação/transmissão televisiva com o de uma unidade de radiotransmissão.

Extrínsecas – decorrentes de algumas condições predominantemente históricas.

- **Seletividade** – o radiojornalismo, ao contrário da imprensa escrita, não pode se dar ao luxo de apresentar um número muito grande de matérias, já que seu espaço para informações é muito menor. Isso obriga o veículo a recortar os temas de acordo com sua importância relativa.

- **Personalidade** – a radiofonia, por depender das qualidades expressivas dos locutores, é marcada pelas características particulares da oralidade. Assim, a emoção ou a inflexão conotam seu sentido de uma forma diferente das mídias impressas, por exemplo.

- **Adaptabilidade** – o rádio não é um meio exigente; ele não monopoliza a atenção do ouvinte e, com isso, pode dividi-la com outras mídias ou atividades totalmente desconexas. Isso também lhe garante um certo poder de "onipresença".

- **Essencialidade** – a informação transmitida no rádio assume, quase sempre, a forma de manchetes, destacando suas partes mais importantes. Ainda que abrindo mão dos detalhes, o potencial informativo do rádio ajuda o ouvinte a formar sua opinião a partir de uma apresentação mais concisa dos fatos.

- **Identificação pessoal** – apesar de dirigir-se a milhões de ouvintes, o rádio se dirige a cada um deles num discurso direto, que soa como endereçado a cada indivíduo em particular. Essa "singularidade aparente" é fator decisivo para consolidar a fidelidade de sua audiência.

Potenciais – tendências que podem ou não se efetivar, mas que contribuem para demarcar a identidade do rádio.

- **Didatismo** – o rádio se presta exemplarmente à exposição oral de conceitos, o que fortaleceu, desde os primórdios, sua vocação educativa. O texto de uma locução tem que ser lapidado até se chegar a um enunciado breve e unívoco da informação que se quer transmitir.

- **Musicalidade** – a mídia radiofônica alimenta uma relação permanente com a música, que é uma linguagem artística apreciada, de uma forma ou de outra, pela grande maioria das pessoas. Mais que isso, o surgimento do rádio proporcionou à indústria fonográfica os meios tecnológicos e a viabilidade comercial sem os quais ela não poderia se desenvolver.

- **Utilidade pública** – outro sustentáculo do rádio sempre foi a sua função de prestação de serviços. Nesse quesito, pode-se dizer que ele serviu de modelo para outras mídias que surgiram posteriormente, como a TV. Ainda hoje, temos a comprovação estatística de que a maioria dos ouvintes que sintoniza o rádio procura por informações de utilidade imediata, tais como hora certa, condições meteorológicas e situação do trânsito nas grandes cidades.

Procuraremos entender, na sequência, como esse conjunto de características veio a ser construído, ao longo de mais de um século, por razões tecnológicas e históricas.

Tais informações podem ser integradas de forma bastante pertinente aos conteúdos de Ciências, Geografia e História do ciclo básico.

AS TECNOLOGIAS DO RÁDIO

Mesmo correndo o risco de passar uma ideia simplificada dos aspectos presentes na tecnologia do rádio, tentaremos descrever, de maneira didática, cada uma das etapas envolvidas na produção de um programa. Essas descrições, que abusam da analogia, podem ser ilustradas por recursos audiovisuais e apresentadas a grupos de alunos.

De onde vem a energia elétrica?

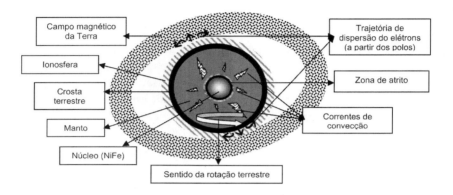

Imagine uma fruta com caroço grande e casca fina, como uma ameixa ou um pêssego. Se essa fruta fosse redonda, ou, mais precisamente, geoidal, parecer-se-ia ainda mais com nosso planeta, que, no modelo geológico clássico, é composto por uma "casca" (a crosta), uma "polpa" (o manto) e um "caroço", representado pelo núcleo.

A composição química da crosta e do manto é variada, com uma predominância teórica do elemento não metálico silício. Já o núcleo metálico, submetido a pressões inimagináveis e temperaturas altíssimas, é uma mistura composta principalmente de ferro e níquel. A rotação do planeta, aliada à maior densidade do núcleo em relação ao manto, produz atrito, o qual gera uma grande quantidade de energia elétrica que resulta da perda de elétrons periféricos dos átomos metálicos.

Essa energia eletromagnética se acumula no núcleo, magnetizando-o, e é conduzida à superfície do planeta pelas chamadas correntes de convecção. Assim, podemos considerar a Terra como um eletroímã gigante, irradiando uma torrente permanente de elétrons que corre no sentido do polo Norte para o polo Sul e vice-versa (vide ilustração anterior).

Todos os circuitos, dispositivos e sistemas elétricos baseiam seu funcionamento na existência de um fluxo ordenado e constante de partículas magnéticas que percorrem esses cursos determinados. Por isso a eletricidade pode ser gerada em usinas, transmitida por fios e armazenada em acumuladores (baterias) com grande previsibilidade.

Em tese, caso houvesse uma interferência em escala planetária no campo magnético terrestre (causada eventualmente por explosões nucleares ou até por uma tempestade solar gigantesca), ficaríamos sem eletricidade, com um risco nada desprezível de regredir alguns degraus na escala evolutiva da chamada "civilização".

A concentração da energia dos elétrons viajando no espaço de um polo ao outro na faixa de altitude mais elevada da atmosfera forma a "ionosfera", camada que, além de proporcionar em altas latitudes o espetáculo impressionante das auroras boreal e austral (respectivamente nos hemisférios Norte e Sul), serve como superfície refletora para a maior parte dos sinais irradiados, inclusive os radiofônicos.

Traduzindo: as ondas eletromagnéticas moduladas em sua frequência (número de pulsos por segundo), como nas rádios FM, ou amplitude (tamanho dos pulsos), como nas rádios AM, são emitidas em todas as direções, refletidas pela ionosfera e, na volta, captadas pela profusão de antenas dos receptores de rádio. Estes contam com dispositivos de sintonia para filtrar faixas específicas, que identificamos como a faixa da emissora no _dial_, como, por exemplo, "_FM 90.5 mHz_".

Até aqui, falamos apenas da origem dos sinais eletromagnéticos e de sua difusão na atmosfera. Faltou esclarecer como o som se transforma em eletricidade.

Nossa moderna tecnologia de áudio começou a se desenvolver quando Thomas A. Edison (1847-1931) procurou obter um registro gráfico dos sinais de um telégrafo, mas acabou conseguindo gravar, num cilindro metálico (não num disco ou fita magnética, que viriam décadas depois), o "desenho" (perfil) da onda sonora de um trecho falado e, mais importante ainda, reproduzi-lo a partir da rotação invertida do mesmo cilindro.

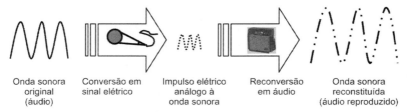

Conversão e reconversão elétrica do áudio

O passo seguinte foi conseguir converter o sinal de áudio (onda sonora) por meio de uma membrana e um dispositivo chamado 'transdutor' (esta é base do microfone) num sinal elétrico que pudesse ser amplificado e reconvertido em som na saída de um alto-falante. Essa conquista científica é mais conhecida como "gravação elétrica" (vide ilustração anterior).

Hoje em dia, pode nos parecer intoleravelmente ruidoso um registro de áudio tão impreciso, obtido mecanicamente e reproduzido através de um "cornetão" em forma de flor. Na época, era simplesmente um milagre tecnológico.

Por algum tempo, o potencial da nova invenção não foi vislumbrado e, se hoje nos parece evidente a utilidade da gravação para registrar música e fala, o mesmo não acontecia no final do século XIX.

Como o rádio veio ao mundo: um breve histórico

Nos seus primórdios, o rádio parecia ser uma boa solução para um problema que ainda não existia.

Na verdade, a sociedade industrial do começo do século XX ainda não se pautava pelos paradigmas da urbanidade e do *mass media*.

Essa realidade logo mudaria: a Primeira Guerra Mundial foi um evento portentoso que convenceu o mundo todo de que ele já não era mais o mesmo nem nunca voltaria a sê-lo.

Além dos milhões de mortos e das mudanças significativas no mapa-múndi, a "Guerra para acabar com todas as guerras" marcou a estreia do rádio como tecnologia bélica. A mobilidade da tecnologia de radiodifusão colocou-a em vantagem tática quando comparada com a telegrafia, o telefone e os recursos postais então existentes. Resultado: milhares de aparelhos de rádio (do tamanho de uma mochila grande) foram para as linhas de frente orientar o deslocamento das tropas e solicitar apoio tático. O rápido desenvolvimento da tecnologia e a produção industrial garantiram sua popularidade militar, mas, em 1919, a derrota das forças do Eixo assinalou o fim da guerra.

Em meio à felicidade geral, a empresa americana *Westinghouse* viu-se às voltas com um problema: o que fazer com a grande quantidade de receptores fabricados para a batalha e que perderam a função por conta do armistício?

A solução foi disponibilizar a venda desses aparelhos para o cidadão comum, concomitantemente com o desenvolvimento de uma programação regular que tinha como carro-chefe a radionovela. A novidade despertou interesse e a audiência crescente começou a atrair patrocinadores, como, por exemplo, marcas de sabão. Não por acaso, os americanos, até hoje, chamam a novela de *soap opera*, literalmente "ópera do sabão".

Assim, quase ao mesmo tempo, nasceram dois dos gêneros mais presentes na radiofonia: a ficção e o *spot* comercial.

Por que o rádio deu tão certo?

A invenção do rádio, enquanto tecnologia de comunicação, nada teve de fortuita nem pode ser considerada obra de um único pesquisador. Na verdade, houve tantos colaboradores, alguns famosos, outros anônimos – alguns até injustiçados –, que é difícil estabelecer o momento exato em que este veículo teria nascido.

Poderíamos situá-lo no ano de 1844, se levarmos em conta que essa data marca a primeira transmissão via telégrafo com fio, obra de Samuel F. B. Morse (1791-1872), criador do famoso código telegráfico de pontos e traços que leva seu nome.

Como a mensagem enviada por Morse era composta por pulsos eletromagnéticos e não por sinais de áudio, poderíamos transferir o nascimento da invenção para 1876, quando o escocês Alexander Graham Bell (1847-1922) demonstrou em público aquilo que viria a ser conhecido como "o primeiro telefone".

Isso aconteceu um ano antes de Thomas A. Edison, o famoso inventor americano, "pai da lâmpada elétrica", aparecer com o primeiro gravador de áudio (ou coisa parecida).

Note-se que, embora estes e outros inventores houvessem viabilizado o desenvolvimento do aparato tecnológico no qual o rádio se baseia, nenhuma de suas criações pretendia ser exatamente o que o rádio é hoje:

> uma forma de comunicação coletiva, ou "de massa", acessível e dinâmica

O rádio, tal qual o conhecemos, é muito mais do que um aparato técnico, aliás, relativamente simples quando comparado com as estruturas informatizadas da rede mundial de computadores: ele é uma maneira eficiente e barata de nos comunicarmos.

A evolução do *rádio-linguagem* a partir do rádio-aparelho é explicada por um conjunto de fatores, entre os quais se destacam:

- o resgate da oralidade, modalidade de comunicação que precedeu em muito a escrita e que sempre teve grande destaque como mediadora das relações humanas;
- o atendimento a uma enorme demanda reprimida por notícias;
- a inclusão de formas escritas por meio do texto radiofônico, aproximando as mídias impressas e sonoras;
- a assimilação de formas de expressão artísticas consagradas, como o teatro e a música, que ganharam novos formatos e canais de disseminação como a radionovela a e a programação musical;
- a apropriação da tecnologia radiofônica para alavancar o sistema produtivo capitalista, o que se deu de duas maneiras:
    - pela propaganda no rádio, que abriu novas possibilidades para os anúncios publicitários restritos aos veículos impressos e ao tradicional boca a boca;

- pelo surgimento de uma indústria de produção radiofônica, empregando técnicos, redatores, diretores e inúmeras outras funções que, com o tempo, foram se transformando em especializações.

A rápida aceitação do rádio como "eletrodoméstico essencial", alavancada nos primeiros tempos pela popularização das transmissões musicais e noticiosas, só pode ser entendida no âmbito de uma sociedade capitalista e industrial já amadurecida, como eram os Estados Unidos na década de 1920.

Por outro lado, a hegemonia de um meio falado sobre os meios impressos tradicionais tem que levar em conta a existência de uma certa gama de necessidades culturais e emotivas que se perde nas brumas da história.

Chegou a hora de tratarmos do fenômeno da *oralidade*.

A QUESTÃO DA ORALIDADE

Imagine um mundo sem internet, TV ou mesmo o rádio. E se nesse mundo imaginário também não existissem os jornais, os livros ou a própria escrita?

Provavelmente, a essa altura você deve ter criado em sua mente um cenário parecido com o dos primeiros séculos da civilização. Num tal panorama, como educar os filhos, comunicar-se a distância ou, simplesmente, transmitir informações necessárias às pessoas com as quais nos relacionamos?

Naquela época, ao que se sabe, as pessoas reunidas em grupo (estar junto era uma questão de sobrevivência) eram orientadas pelos líderes mais experientes ou mais fortes por meio de conselhos, ordens e histórias "edificantes". Talvez nascessem daí os primeiros compêndios de psicologia, direito e literatura de ficção.

De qualquer forma, ainda que desde os primórdios os homens já representassem seu mundo exterior e interior por meio de desenhos e pinturas (arte rupestre), as realizações e descobertas de indivíduos e agrupamentos humanos – famílias, clãs – só puderam se perpetuar na memória das gerações subsequentes por meio da comunicação oral.

Mesmo nos tempos atuais, os seres humanos dependem bastante de sua habilidade para entender os outros e se exprimir usando a oralidade.

Os bebês de nossa espécie, por exemplo, vêm ao mundo anunciando em alto e bom som sua chegada. O choro primordial vai ganhando modulações e articulações diversas numa sofisticação crescente, que assume a forma de um grande "repertório de solicitações" – alimento, calor, limpeza, presença materna –, que são demonstradas por choros específicos.

E, depois, como aprendemos a falar? Não é de fato surpreendente que, mesmo sem um esforço sistemático da parte dos pais, os bebês acabem aprendendo, como que "por osmose", as primeiras sílabas, palavras e expressões? Esse dado revela o poder da oralidade nas relações humanas, algo que nem o advento das tecnologias modernas (como os computadores) nem o amadurecimento das antigas (como a escrita) conseguiram enfraquecer.

Alguns autores consideram o fato de que o rádio resgata a dimensão oral da comunicação principalmente quando, prescindindo da hegemonia do texto, dá margem para o improviso e a criação em tempo real. Como contraponto, no entanto, é bom que façamos uma distinção entre a oralidade primordial, que vem da tradição, e sua forma assimilada e transformada pela evolução do rádio:

- *Oralidade tradicional* – perpetua-se espontaneamente, sem compromissos com a cultura erudita e sem outra motivação que não o interesse pessoal e afetivo dos comunicadores;

- *Oralidade radiofônica* – vai se modificando com a inclusão de fórmulas de expressão consagradas pela audiência, mantém um certo respeito às normas cultas de expressão (afinal, ela é cultivada pelos profissionais da comunicação) e representa os interesses político, econômico e cultural de vários grupos sociais distintos.

Como se vê, apesar de auditivo, o rádio também valoriza (e muito) a expressão escrita. Vamos saber mais a respeito?

Comunicação escrita e não escrita

A maioria de nós, desde criança tomou contato com uma maneira de entender o mundo mediada por textos, ou seja, por ideias escritas no papel.

Até certo ponto, notamos que a leitura de livros, revistas, jornais, mensagens, bem como o exercício da escrita, definem um padrão para o nosso relacionamento com o mundo. Sendo assim, mesmo que usemos diariamente a imagem, o gesto e o som para expressar o que sentimos e pensamos, o texto grafado ainda é o nosso canal prioritário para trabalhar com a educação.

No caso específico da comunicação sonora, é notável como a fluência verbal requer um modo de organizar ideias diferente (e complementar) daquele empregado para nos comunicarmos por escrito. Isso talvez explique por que algumas pessoas preferem falar de improviso, contrapondo-se àquelas que não abrem mão de suas anotações prévias.

Atuei, certa vez, num curso que envolveu quase dois mil jovens egressos do ensino médio. Por meio de vivências com a linguagem radiofônica, foi possível constatar alguns fatos interessantes:

- a quase totalidade dos jovens nesta fase escolar apresenta dificuldade crônica para a expressão por meio de textos escritos;

- essa dificuldade acomete indistintamente os alunos mais e os menos dedicados, os tímidos e os extrovertidos, de ambos os sexos;

- mais do que a pobreza de vocabulário e falta de coesão para construir ideias, evidencia-se um desconhecimento da ortografia, pelo menos, daquela recomendada pela "norma culta".

Entender os diferentes usos do "x", "ç", "ss" e "sc", ou, ainda, saber a diferença entre a grafia da terminação "am" de verbos no passado perfeito e "ão" no futuro, é um desafio e tanto para nossos pré-universitários.

Ainda que tais observações não possam ser generalizadas sem uma pesquisa metodologicamente rigorosa, surge dessas entrelinhas uma informação que merece, no mínimo, ser investigada: a maioria dos erros ortográficos que presenciamos regularmente acontece pela tentativa de se escrever exatamente como se fala. Num modo acadêmico de falar poderíamos dizer que seria um problema de "transposição da oralidade".

Podemos problematizar o tema em torno de algumas questões.

- Por que nossa expressão falada se distancia tanto da escrita? As explicações seriam históricas e sociais? Estamos tratando da diferença entre a cultura popular e a erudita?

- Por que, ao longo de mais de uma década de escolarização, a necessidade básica da expressão escrita não é satisfatoriamente suprida? Presenciamos uma inadequação da proposta pedagógica em nosso sistema educativo? Seria simplesmente a falta do hábito da leitura, agravada pela falta de acesso às manifestações linguísticas "mais cultas"?

No entanto, não vamos nos aprofundar nas origens dos problemas, mas sim tratar de sugestões que podem melhorar esse panorama.

> **De que maneira o trabalho com a oralidade poderia ajudar a minimizar problemas relacionados com a expressão escrita?**

Partindo dos princípios básicos da educomunicação, tais como são mencionados na introdução deste livro, propomos como resposta para a última questão algumas estratégias relacionadas com o fazer radiofônico.

- *Permitir que todos os participantes do processo educativo tenham voz e vez* – o que se consegue disponibilizando o acesso aos instrumentos da radiofonia e incentivando os mais tímidos a se expressarem, ainda que por escrito (seus textos poderão ser lidos no ar por outros colegas).

- *Elaborar projetos e roteiros radiofônicos* – substituindo o improviso pelo ato de planejar o que será produzido. Assim, tanto se aprende a estruturar as ideias, quanto a elaborar roteiros para entrevistas, reportagens, radionovelas e todos os demais gêneros da radiofonia.

- *Transformar matérias de jornal em pautas para rádio* – além de implicar na leitura constante e atenta do noticiário impresso, essa tarefa obriga o aluno a transpor, para uma linguagem coloquial e direta (mas nem por isso incorreta ou pobre), a essência dos fatos narrados.

- *Transcrever trechos irradiados para o papel* – essa tarefa costuma apresentar bons resultados quando se trabalha com a música. A base da comunicação verbal parte da percepção auditiva e é ela que deve ser desenvolvida em primeiro lugar para dar suporte às atividades de escrita e expressão oral.

- *Transformar histórias narradas em prosa em roteiros de radiodramaturgia* – as diferenças entre a linguagem escrita e a falada se evidenciam quando tentamos transformar em diálogos ações que são apenas descritas. Esse procedimento é a base da radionovela e de outras formas de teatro radiofônico.

- *Revisar o que se escreve* – de preferência num contexto coletivo. A elaboração conjunta de um texto minimiza a ocorrência de erros, e a revisão conjunta do texto (grafado num painel ou cartaz) permite que os parceiros da produção aprendam uns com os outros num exercício de inteligência coletiva. Desde que o mediador saiba partilhar a regência do processo (em vez de assumi-la arbitrariamente), essa parece ser uma oportunidade ideal para introduzir recursos de apoio à expressão escrita, tais como dicionários e manuais de redação.

Os exemplos relacionados aqui são apenas ilustrações a respeito do potencial da radiofonia contextualizada dentro do fazer pedagógico. Como o capítulo "Atividades sugeridas" abordará especificamente sugestões detalhadas de atividades, preferimos aproveitar esse espaço para tratar das relações entre a educação e o rádio, buscando o sentido mais amplo de uma aproximação epistemológica.

Para situarmos nossa proposta no universo educacional, podemos demarcar alguns dos usos do rádio a partir dos três objetivos pedagógicos revistos a partir da <u>Taxonomia de Bloom</u> e cujo uso corrente se observa dentro da maior parte das modernas correntes pedagógicas.

Objetivos pedagógicos	Taxonomia de Bloom	Usos do rádio
CONTEÚDOS	DOMÍNIO COGNITIVO (conhecimento, compreensão, aplicação, análise, síntese, avaliação)	- abordagem de todos os conceitos; - ampliação do universo cultural; - domínio tecnológico; - assimilação do processo comunicativo.
HABILIDADES	DOMÍNIO PSICOMOTOR (percepção, resposta conduzida, automatismos, respostas complexas, adaptação, organização)	- pesquisa de temas; - seleção de informações; - expressão oral; - expressão escrita; - diálogo com o mundo; - diálogo com a comunidade; - desenvolvimento do pensamento complexo e *holístico*.
ATITUDES	DOMÍNIO AFETIVO (recepção, resposta, valorização, organização, internalização de valores)	- capacidade de trabalhar em equipe; - atenção auditiva; - compromisso ético; - opinião pessoal; - dedicação a uma causa coletiva.

Rádio e educação

Além das questões definidas pela natureza técnica e tecnológica do veículo rádio, com o passar dos anos observou-se uma crescente especialização que se reconhece na "personalidade" da radiofonia.

Mas em que momento exatamente ela se aproximou da educação? Em nosso caso, a resposta mais exata é: desde o início!

Vimos anteriormente como a invenção do rádio veio suprir uma demanda voltada, em grande parte, para o entretenimento. Em pouco tempo, o crescimento dessa audiência proporcionaria à mídia radiofônica uma viabilidade comercial invejável. Mas, até aqui, estamos falando do caso americano.

No Brasil, a transmissão de rádio foi oficialmente inaugurada no centenário da Independência, no inesquecível ano de 1922 – o mesmo da Semana de Arte Moderna de São Paulo.

Entre nós, um dos primeiros usos concebidos para o rádio foi, justamente, o educativo. A ausência de uma indústria fonográfica estabelecida reduzia o repertório de "produções" a palestras científicas, discursos cívicos e outros "apetitosos" itens do cardápio radiofônico.

A grande personalidade por trás dessa ideia, sem dúvida, foi o antropólogo e imortal (membro da Academia Brasileira de Letras) carioca Edgard Roquette-Pinto (1884-1954). Juntamente com o padre gaúcho Roberto Landell de Moura – que, segundo consta, patenteou o rádio antes mesmo dos americanos, seu nome quase resume a história do rádio em terras brasileiras até a primeira metade do século XX.

Fundamentalmente, o ideal humanista de Roquette-Pinto, que influenciou profundamente a relação entre rádio e educação no Brasil, era plenamente justificável: o rádio, enquanto inovação tecnológica de grande potencial, deveria ser empregado prioritariamente para levar educação e cultura a todas as partes do país.

O problema em si pode ser delimitado na situação do Brasil à época, quando pouquíssimas pessoas dispunham, efetivamente, de condições para usufruir do novo meio de comunicação. Dessa maneira, quem – ao menos em tese – tinha acesso à cultura encontraria mais um canal para obtê-la, ao passo que os excluídos continuariam na indigência.

Outro fato digno de nota é o da programação de rádio ser mantida, nesta era de pioneiros, por *sociedades*, isto é, grupos de voluntários que investiam na produção num regime quase que de mecenato. Isso, de certa forma, continuava mantendo o caráter diletante e elitista da radiofonia brasileira.

As coisas mudariam paulatinamente, e o nosso rádio ainda atravessaria fases de predominância do entretenimento musical – a famosa "Era de Ouro" do rádio brasileiro, que contou com os auspícios do então presidente Getúlio Vargas – associado à consolidação do jornalismo como carro-chefe da programação radiofônica.

Nesse período, surgem, de um lado, o "Repórter Esso", programa-símbolo de uma época, e de outro, a radionovela brasileira, que, após a chegada da TV ao país (com as transmissões da extinta Rede Tupi, em 1951) praticamente se transferiria, em peso, para o novo veículo.

Como o rádio contemplou a educação no período pós-Estado Novo?

Nos anos 1950-60, o Movimento de Educação de Base (MEB) representou a tentativa de resgatar os ideais de Roquette-Pinto. O projeto consistia em utilizar a metodologia problematizadora de Paulo Freire para alfabetizar agricultores das regiões Norte e Nordeste.

A despeito de um certo êxito obtido pela iniciativa, Freire tornou-se *persona non grata* do governo militar, que assumiu o poder através do golpe de 1964. Ato contínuo, o projeto foi interrompido.

Entretanto, o governo militar não deixou de se interessar pelo uso do rádio para superar o desafio de integrar a nação através de um projeto educativo. A proposta, desta vez, foi chamada de Projeto Minerva, que consistia num programa obrigatório, veiculado em cadeia nacional cinco horas por semana.

O Minerva assumiu um claro contorno de "ensino a distância", na medida em que assumia uma função de suplência do Ensino Fundamental. O projeto foi descontinuado no começo da década de 1980, pela escassez de resultados concretos mensuráveis.

Durante um bom tempo, o governo brasileiro abandonaria a ideia de empregar o rádio na educação, preferindo investir em outras tecnologias, inclusive na incipiente informática.

Isso não quer dizer que a evolução do rádio em nosso país houvesse estagnado, pelo contrário: os anos 1970 assistiram a uma revitalização espantosa do rádio em consequência do surgimento da banda de transmissão em frequência modulada, ou, simplesmente, "FM".

O advento da FM proporcionou ao rádio uma expansão sólida e crescente, baseada na segmentação de público. A própria diferenciação entre rádios AM (amplitude modulada) e FM já consistiu numa divisão de ouvintes – aqueles de perfil mais tradicional e conservador permaneceram com a primeira banda de transmissão.

As rádios FM seguem concentrando a liderança de audiência, mas a preocupação educativa, tirante as rádios estatais e universitárias, parece ter sido abandonada pela mídia radiofônica.

Será verdadeira a recíproca, isto é, terá a educação desistido da ideia de empregar o rádio?

A rádio na escola, hoje

O capítulo atual da radioeducação no Brasil não pode ser entendido sem a participação das organizações não governamentais (ONGs).

As décadas de 1990-2000 marcaram, no mundo todo, a consolidação dos movimentos sociais organizados, que muitas vezes assumiram a forma de associações civis sem fins lucrativos. Estas, em grande medida, acabaram assumindo as funções previstas para o Estado, tais como a complementação da educação básica e a democratização das práticas comunicativas.

Essa é a natureza do chamado terceiro setor. A denominação foi criada para diferenciá-lo de atividades do primeiro setor (o Estado) e do segundo setor, representado pela iniciativa privada.

Segundo vários autores, a maior parte das ideias e experiências relativas ao uso democrático e aberto das mídias na educação vem sendo gestada, nas duas últimas décadas, na esfera de atuação das ONGs e dos movimentos sociais comunitários.

Isso não quer dizer que, nesse meio tempo, a rede escolar pública e privada não esteve atenta à possibilidade proporcionada pela inserção das práticas comunicativas na educação.

Um terceiro elo viria a se incluir nessa corrente, representado pela colaboração entre as universidades e os projetos governamentais, muitas vezes em parceria com as associações civis. No momento atual, podemos dizer que esse é o panorama dominante na relação entre escola e radiocomunicação.

A perspectiva de _convergência das mídias_, possibilitada pela integração entre as diversas TICs (Tecnologias da Informação e da Comunicação), representa a promessa de que, num futuro próximo, a produção e a disseminação de bens culturais estará ao alcance da maior parte dos cidadãos.

Entretanto, sabemos que uma "revolução cultural" dessa magnitude não pode ser circunscrita a um conjunto de estratégias de _marketing_ político e econômico, o que pede a intervenção direta e assumida dos agentes educativos.

Então, no âmbito desta obra, que caminho pode ser apontado para que a escola colabore na construção de uma sociedade midiática mais democrática?

A QUESTÃO DOS PRÉ-REQUISITOS

O volume considerável de informações históricas, tecnológicas e técnicas inseridas neste capítulo está muito longe de resumir todos os aspectos envolvidos na compreensão da radiofonia, até mesmo aqueles estritamente relativos à sua utilização dentro da sala de aula.

Isso pode levar a três impressões, todas igualmente falsas:

- o universo do rádio é inacessível aos não especialistas;

- um trabalho radiofônico realizado sem total domínio de seus pressupostos técnicos e estéticos resultaria falho e pobre;

- a formação necessária para aprender a linguagem radiofônica é um processo demorado, caro e que requer habilidades especiais.

Nos acostumamos, criados que fomos dentro de uma cultura que sempre valorizou a especialização, a pensar que, de modo geral, tudo o que se encontra fora de nossa área de domínio é muito complicado e difícil.

Hoje, felizmente, há uma tendência na área da educação para a valorização do profissional que domina não apenas o universo de uma disciplina, mas que tenha interesses e recursos variados e, principalmente, disposição para aprender sempre.

Por mais que duvidemos desse novo paradigma (não será só um discurso?), não podemos ignorar que existe por detrás de nossos bloqueios psicológicos uma razão antes de tudo cultural e, portanto, modificável.

O que todo professor deveria saber sobre áudio

Muitos educadores, interessados em iniciar ou dar continuidade às atividades da radioescola, têm dúvidas sobre o que deveriam exatamente estudar para obter o conhecimento e a segurança que, de uma forma ou de outra, ainda lhes falta.

Tais dúvidas não são exatamente fáceis de serem sanadas, haja vista a dificuldade em definir temas que se enquadrem num leque extremamente diverso de possibilidades.

Sendo assim, procuramos relacionar, de uma forma prática e sucinta, uma lista de conceitos e habilidades divididos por tópicos, que podem ser de grande valia para o professor que deseje, com seriedade, explorar as possibilidades da rádio no seu trabalho em sala de aula.

Nossas referências serão tomadas a partir do campo de estudos conhecido como "Áudio", dada a relação íntima entre este e a linguagem do rádio que nele se circunscreve.

CONTEÚDOS PERTINENTES AO RÁDIO NA SALA DE AULA

Os itens que seguem não compõem um conjunto acabado de conhecimentos que o professor deva dominar previamente, mas uma relação de temas vinculados à prática diária da radioescola e que podem representar, neste âmbito, uma fonte de vivências significativas.

A disciplina específica de cada docente, qualquer que seja ela, pode servir de ponto de partida para a integração das áreas de conhecimento, quebrando as barreiras que eventualmente fragmentam o currículo escolar.

Fundamentos científicos do áudio

Por que estudar?

- Para verificar se todos os fatores relacionados à saúde vocal e auditiva estão sendo considerados pelos membros da comunidade escolar.

- Para compreender como o som nos afeta física e psiquicamente e determinar se o ambiente dentro do qual interagimos pode ser considerado acusticamente saudável.

- Para entender os princípios de funcionamento da tecnologia do áudio e configurar adequadamente os recursos a serem usados na radioescola.

O que estudar?

Fundamentos físicos do som e da música (acústica) • Física do som: <u>altura</u>, <u>intensidade</u>, <u>duração</u>, <u>timbre</u> e <u>onda sonora</u>.
Fundamentos fisiológicos do som e da música (fonoaudiologia) • Aparelho auditivo, órgãos formadores e seu funcionamento: pavilhão auditivo, ouvido interno, nervo ótico, processo da audição. • Aparelho fonador, órgãos fonadores e seu funcionamento: visão geral do aparelho respiratório, <u>diafragma</u>, vias aéreas superiores, cordas vocais, cavidades de <u>ressonância</u>.
Fundamentos psicológicos do som e da música (psicoacústica) • Fenômenos relacionados com a percepção de <u>ambiência</u>: isolamento, reverberação e eco, efeito <u>*doppler*</u>. • Fenômenos relacionados com a <u>série harmônica</u>: <u>escala musical</u>, sensações de <u>dissonância</u> e <u>consonância</u>.

Como estudar?

- Desenvolvendo e integrando propostas paralelas afins, tais como <u>coral</u> e grupo de teatro.

- Organizando palestras com especialistas (fonoaudiólogos e outros) sobre saúde vocal e auditiva.

- Compartilhando as referências teóricas e bibliográficas do rádio aqui indicadas (ver seção "Referências bibliográficas") entre todos os educadores.

Tecnologia do áudio e do rádio

Por que estudar?
- Para dominar seus princípios de funcionamento e operar com segurança os recursos técnicos à disposição da radioescola.

- Para comparar a relação custo-benefício antes de investir em tecnologias novas e outras que ainda surgirão dentro da escola.

- Para conseguir improvisar soluções e encontrar alternativas que viabilizem o trabalho da radioescola, sem condicioná-lo à necessidade de se contar com esta ou aquela configuração de áudio.

O que estudar?

Evolução dos sistemas de áudio • Gravação mecânica: fonógrafo e gramofone. • Gravação eletromagnética: <u>discos de vinil</u> e <u>fitas K7</u>, *Hi-Fi* e <u>estéreo</u>. • Radiodifusão em ondas curtas, AM e FM. • Gravação digital: amostragem, qualidade, resolução e formatos (*Wave*, *MP3* e outros), sistema *MIDI* e seus usos, música na internet.
Equipamentos de áudio • Captação de som: microfones, <u>captadores magnéticos</u> e *samplers*. • Geradores de som: sintetizadores. • Processadores de sinal: <u>amplificadores</u>, <u>equalizadores</u>, <u>mesas de som</u>, processadores de efeitos (câmaras de eco e outros). • <u>Gravação: analógica e digital.</u>

> - Monitores de áudio: <u>caixas acústicas</u>, fones de ouvido.
> - Acessórios: cabos e conectores mono e estereofônicos.
> - *Hardware*: dispositivos de saída e entrada de sinal de áudio e <u>*MIDI*</u> (placas de som e conexão com instrumentos musicais).
> - *Softwares*: tocadores, gravadores, <u>sequenciadores</u>, programas de tratamento de áudio, programas para educação musical.

Como estudar?

- Aprofundando as referências teóricas e bibliográficas indicadas na seção "Referências bibliográficas" deste livro por meio do trabalho colaborativo de pesquisa.

- Lendo cuidadosamente os manuais que acompanham todos os equipamentos de áudio presentes na escola.

- Buscando a assessoria de profissionais especializados em tecnologia e/ou técnicas de áudio, que podem ser encontrados, inclusive, dentro da própria comunidade escolar.

Fundamentos da música

Por que estudar?

- A música pode ser uma interface interdisciplinar bastante interessante dentro do projeto da radioescola.

- A radiofonia encontra na música um grande sustentáculo.

- O estudo da música desenvolve a percepção auditiva, que é uma das habilidades mais necessárias na produção de rádio.

O que estudar?

> Aspectos históricos da música
> - Resumo histórico da música ocidental/europeia.
> - Paralelos entre <u>música modal</u> (Oriente) e <u>música tonal</u> (Ocidente).

• Relação entre os grandes compositores e os movimentos artísticos ao longo da história: Renascimento, barroco, classicismo, romantismo, modernidade e pós-modernidade.
Aspectos estéticos da música • Gênero folclórico: temas, canções e <u>parlendas</u>. • Gênero erudito: formas vocais (canto gregoriano, cantatas, óperas, <u>*lieds*</u>), formas instrumentais (<u>suítes</u>, <u>sonatas</u>, <u>concertos</u>, <u>sinfonias</u>, outras peças). • Gênero popular: música dos menestréis e trovadores; a <u>opereta</u> e o musical americano; canção popular no rádio; <u>jazz</u>, rock: seus ancestrais e descendentes; MPB: música do Império; música regional; samba e <u>bossa nova</u>; música "engajada", <u>Jovem Guarda</u>; rock nacional; MPB "globalizada".
Aspectos conceituais da música • Percepção musical: ritmo, melodia, harmonia. • Linguagem e estrutura: escrita musical, <u>partituras</u>, <u>cifras</u> e <u>tablaturas</u>. • Criação musical: composição, <u>arranjo</u>, <u>*remix*</u> e direitos autorais. • Classificação dos instrumentos: sopro, cordas, percussão e eletrônicos. • Referências bibliográficas e discográficas para pesquisa.

Como estudar?

- Propondo atividades radiofônicas que se integrem aos conteúdos e projetos desenvolvidos nas áreas de arte e música da escola.

- Organizando e participando de eventos escolares tais como passeios a teatros e festivais de música.

- Buscando para o projeto da radioescola o apoio dos membros da comunidade envolvidos com a música.

Dentro da gama de tópicos tratada neste capítulo, esperamos ter alcançado um nível de informação suficiente para adentrarmos a próxima etapa: as produções radiofônicas.

RESUMO

Este capítulo abordou:

As características e peculiaridades que fazem do rádio uma mídia ao mesmo tempo tradicional e contemporânea.

Elas foram categorizadas em
    • *intrínsecas* – liberdade imaginativa, alcance humano, alcance geográfico, simplicidade de produção, preço operativo e agilidade;
    • *extrínsecas* – seletividade, personalidade, adaptabilidade, efemeridade, essencialidade e identificação pessoal;
    • *potenciais* – didatismo, musicalidade e utilidade pública.

Alguns aspectos tecnológicos envolvidos na produção radiofônica, incluindo a origem da eletricidade, o princípio da transmissão de ondas de rádio e noções de digitalização do som.
Alguns aspectos históricos sobre a invenção e a trajetória do rádio e suas primeiras décadas.
A questão da oralidade, definindo suas características e traçando um paralelo entre a comunicação e a escrita.
As relações entre rádio e educação, por meio de uma exposição de base histórica.
A relação possível entre rádio e escola, evidenciando alguns pontos de interesse para os educadores.
A inexistência de um rol de pré-requisitos para se iniciar o projeto da radioescola.
A pertinência de inúmeros conteúdos que podem servir como temas de trabalho no projeto da radioescola e pontos de contato com o currículo escolar dentro de uma metodologia interdisciplinar.

Destaques para:
    • *fundamentos científicos do áudio* – acústica, fonoaudiologia, psicoacústica;
    • *tecnologia do áudio e rádio* – evolução dos sistemas, equipamentos;
    • *fundamentos da música* – históricos, estéticos e conceituais.

No próximo capítulo, trataremos dos aspectos práticos envolvidos na montagem da rádio na escola.

MONTANDO UMA RÁDIO NA ESCOLA

Montar uma rádio?

Quando este livro estava sendo preparado, mostrei o plano de obra a algumas pessoas e surgiu o questionamento sobre o título do presente capítulo:

– Montar uma rádio na escola? Você acha mesmo que isto é possível?

A essa altura, já entendemos que "pôr uma rádio para funcionar" não significa montar um estúdio, comprar o transmissor e tentar obter uma concessão junto ao Ministério das Comunicações... A rigor, não se pode falar sequer de uma receita fixa para o projeto radiofônico escolar, assim como não podemos ficar na dependência de modelos predeterminados para trabalhar com cinema, teatro, música ou qualquer outra linguagem na sala de aula.

Voltando ao rádio, antes mesmo de se iniciar ações objetivas para utilizá-lo, convém estabelecer algumas perguntas que deverão ser respondidas. Vamos à primeira delas:

O que você, educador, pensa sobre o rádio?

Independentemente da leitura desta obra ou material similar, todo educador já tem em mente uma certa concepção do que seja o rádio e, talvez, até de seu potencial educativo.

A ideia de se trabalhar com mídias na escola é, quase sempre, pensada do ponto de vista da "recepção", isto é, de trabalhar sobre aquilo que já é produzido pelos meios especializados.

Não que essa estratégia esteja descartada de nossos planos, mas a concepção aqui defendida prioriza o ato de produzir comunicação – enfocando o rádio – nos espaços educativos.

Como ocorre com qualquer outro recurso a ser usado num projeto escolar, cabe fazer um levantamento de pontos favoráveis e desfavoráveis, de modo a definir se ele é pertinente ou não (ao menos, neste momento específico) ao projeto pedagógico em questão.

Partindo desse questionamento, é possível estabelecer *se* é o caso de priorizar o trabalho com o rádio (e só depois "como", "quando" etc.) ou, em vez disso, optar por outra modalidade de projeto.

Observação lógica: se não é o caso, devemos conservar a disposição e as conquistas concretas do projeto rádio para a oportunidade seguinte, enquanto nos dedicamos a construir o projeto de ação da vez.

> **Quem me apoiaria neste trabalho?** **?**

Supondo que o educador já conseguiu reunir argumentos suficientes para justificar a construção de um projeto radiofônico escolar, o passo seguinte é reunir um grupo de pessoas que pense da mesma forma.

Como acontece na totalidade dos projetos escolares, estamos diante de um desafio que só pode ser enfrentado por uma equipe composta por um número razoável de integrantes partilhando da mesma visão clara e objetiva sobre o que se pretende realizar. É óbvio que um único educador (que pode ser professor, aluno, coordenador, diretor, responsável, funcionário etc.) não conseguiria, por maior que fosse seu empenho ou competência, colocar e manter em funcionamento uma rádio escolar.

Começando um projeto de rádio

A melhor maneira de concretizar uma ideia é, primeiro, escrevê-la no papel, na forma de um projeto. Essa estratégia inicial ajuda a dimensionar o trabalho, expondo suas vantagens e necessidades para o próprio idealizador e, na sequência, para os outros atores envolvidos.

Os itens necessários para a elaboração de um projeto de radioescola são basicamente os mesmos que constariam em qualquer projeto de ação pedagógica.

A seguir, um modelo geral que deve funcionar na maior parte das situações é apresentado.

Lembre-se de que modelos existem para ajudar e não para engessar projetos de trabalho pedagógico!

Título do Projeto

Deve definir, sem margem de dúvida, o que realmente se pretende. "Radioescola do Colégio D. Pedro II" soa muito melhor que "Interdisciplinaridade através da mídia radiofônica".

Concepção

É a definição sucinta da natureza e do alcance do que se planeja.

Justificativa

Aqui cabe a descrição da demanda ou necessidade que se quer ver atendida. É importante que ela não seja só uma causa genérica, que poderia muito bem ser atendida por qualquer projeto semelhante, mas que se demonstre, na sua especificidade, a importância e a pertinência da radiofonia.

Objetivos

São as intenções *amplas e abrangentes* que se pretende contemplar *por meio* do projeto. Não devem ser confundidas com a justificativa nem com as metas. Ao contrário destas últimas, que são objetivas e mensuráveis em prazos e números (quantificáveis), os objetivos são avaliados como "cumpridos" ou "não cumpridos" (qualificáveis), o que implica, às vezes, uma certa dose de subjetividade.

Para uma melhor organização, costuma-se dividir os objetivos em:

- *gerais* – quando se referem ao universo macro da estrutura em que o projeto será realizado. No caso, caberia pensar no que se pretende atingir em relação ao projeto político-pedagógico da escola;

- *específicos* – que podem ser entendidos como tarefas a serem cumpridas dentro do próprio projeto em consonância com os objetivos de ordem geral.

Metas

Como dito anteriormente, as metas se medem em números. Quantos alunos serão beneficiados pelo projeto? Durante quanto tempo? Quantas horas semanais de produção radiofônica resultarão da atividade? Perguntas desse tipo devem ser respondidas para garantir a chance de que se cumpram os objetivos.

> Importante: além de objetivas, detalhadas e mensuráveis, as metas devem ser viáveis!

Desenvolvimento (metodologia)

O projeto deve ser detalhado passo a passo, com fases de trabalho, ações a serem realizadas em cada etapa e a maneira como isso deverá acontecer. O *cronograma* pode aparecer nessa fase ou ser acrescentado no final (ver modelo na página 55).

Recursos necessários

Todos os projetos devem contar com uma previsão realista dos recursos necessários para a sua implementação. Classicamente, a metodologia de projetos costuma dividir esses recursos em:

- *materiais* – expressos na forma de equipamento, bens consumíveis e outros itens que podem (e devem) ser orçados em espécie.

- *humanos* – itens que dizem respeito à organização de pessoas e divisão das respectivas tarefas. Assim como os materiais devem ser previstos sempre para mais, deve-se buscar obter também uma folga de recursos humanos, prevendo-se uma relação de suplentes para todas as funções importantes. Uma boa maneira de visualizar esse item é montar o *organograma*, isto é, um modelo esquemático da estrutura de papéis que serão desempenhados dentro do projeto. Veja o modelo:

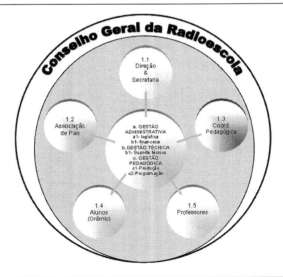

Conselho Gestor da Radioescola

É a instância máxima do projeto, composta por representantes de toda a comunidade escolar. Questões prioritárias como suporte técnico devem ser garantidas em conjunto pelos participantes.

• *Direção e secretaria* – instâncias escolares que respondem pela administração logística de espaços, horários, recursos materiais e humanos e financeira, esta em conjunto com a *Associação de pais e responsáveis*.

• *Coordenação pedagógica* – que juntamente com os a equipe de *Professores* fornece os parâmetros didáticos e pedagógicos dos projetos que serão desenvolvidos com os *Alunos*. Estes últimos, organizados ou não em um *Grêmio*, serão os principais responsáveis pela *Produção* e *Veiculação* dos programas da radioescola. Note-se que as funções pedagógica, técnica e administrativa encontram-se inter-relacionadas, o que possibilita, por exemplo, a participação mais efetiva de pais e familiares nas atividades da rádio e, se for o caso, na manutenção dos equipamentos.

Avaliação

Não podemos nos esquecer de que estamos desenvolvendo um trabalho educativo, que pede sempre uma avaliação balizada pelos objetivos e metas do PPP (projeto político-pedagógico) escolar. A metodologia de avaliação deve contemplar tanto o conjunto do projeto de radioescola, na forma de avaliação final ao término do ano ou do semestre, como as avaliações pontuais desenvolvidas ao longo das atividades.

É preciso deixar claro que tratamos, aqui, não da avaliação de desempenho dos alunos – embora uma coisa possa estar ligada à outra –, mas sim do projeto todo e, consequentemente, do trabalho de todos os membros da equipe.

Tem-se um histórico de experiências positivas com a *avaliação por tarefas*. Normalmente, numa oficina onde se produzem peças radiofônicas, é possível avaliar essa produção com base nos parâmetros predefinidos. Como a metodologia de construção do nosso projeto pedagógico é indissociável de uma concepção democrático-construtivista, sugere-se que se privilegiem os procedimentos avaliativos que promovam a autonomia e respeitem o protagonismo dos jovens.

A saber:
- *autoavaliação* – na qual o discente avalia seu próprio trabalho a partir de critérios objetivos construídos em conjunto com o mediador.
- *avaliação cruzada* – na qual os discente avaliam entre si as produções realizadas, a partir dos mesmos critérios do item anterior.
- *avaliação objetiva* por parte do mediador – desde que tanto a forma da avaliação quanto os critérios sejam construídos por todos os participantes.

Registro

Juntamente com a avaliação, outro aspecto fundamental e que muitas vezes é relegado a um segundo plano é o do registro ou documentação do projeto. Muito mais do que uma exigência burocrática, ou um recurso para "dourar a pílula" quando nem tudo corre de acordo com o esperado, a elaboração sistemática de relatórios é a única garantia de que a avaliação do projeto será objetiva. Juntamente com fotos, vídeos, gravações em áudio, croquis, depoimentos escritos e menções na mídia impressa, o conjunto de relatórios deve compor o *memorial do projeto*.

Não se esqueça: o registro verdadeiro justifica inequivocamente o trabalho perante a história.

As etapas do trabalho

Ainda que as tarefas aqui expostas sejam posteriormente esmiuçadas em detalhes, existe uma sucessão mais ou menos constante de ações comuns a todos os contextos em que se implementa um projeto de radioescola.

São elas:

- concepção do projeto;
- discussão;
- planejamento;

- pesquisa;
- elaboração do cronograma;
- implantação da radioescola;
- desenvolvimento das atividades;
- avaliação do projeto.

A concepção do projeto

Embora uma ideia sempre surja na mente de alguém, isto é, de uma pessoa específica, já vimos que ela não frutifica sem "contaminar" todo um grupo.

Se a pessoa que teve essa ideia é você, parabéns. É importante que você tenha reunido uma boa quantidade de informações sobre sua comunidade escolar, sua equipe e sobre projetos de radioescola semelhantes ao que você pretende desenvolver.

Por outro lado, não se preocupe em finalizar demais a ideia, uma vez que ela deixará de ser "sua ideia" tão logo seja acolhida entusiasticamente pelo grupo (é isso que você espera, não é?).

Perguntas que devem ser respondidas

Além daquelas mencionadas no início deste capítulo ("O que eu penso sobre o Rádio?", "Quem vai me apoiar na empreitada?"), cabe também perguntar:

- Existe espaço físico para sediar as atividades?
- Será preciso iniciar com um rateio? De quanto?
- Que tipo de apoio técnico será necessário e a cargo de quem ele estará?
- Como será gerida a operação da radioescola? Alguém será responsável por centralizar a mediação? Esse alguém sou eu?

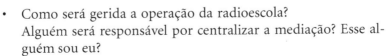

Pode ajudar
A maior parte das questões iniciais deverá estar respondida na fase de concepção. Isso se deve a uma razão bem simples: não se deve começar algo importante sem um planejamento cuidadoso.

Se as respostas obtidas forem claras e confiáveis, é sinal de que o arco está sendo retesado com firmeza e, assim, a flecha deverá voar longe e atingir seu alvo.

A discussão

Honestamente, você espera que, num processo democrático, as coisas se resolvam rapidamente sem discussões inflamadas ou reuniões extensas? Isso pode até acontecer, mas, na maioria das vezes, como exceção, e não como regra. Tanto melhor, pois o proceder dialético que envolve o maior número de participantes na tomada de decisões é uma garantia de que o projeto tende a ser apropriado pela comunidade escolar, talvez sua maior garantia de êxito.

Perguntas que devem ser respondidas
- Todo o processo de construção da radioescola está sendo documentado? De que maneira?
- As pessoas tiveram contato com as mesmas informações em que você baseou seu plano original?
- Todos os envolvidos partilham do mesmo objetivo e visão?

Pode ajudar
A participação de pais, avós, tios, irmãos e outros familiares ou responsáveis pelos alunos pode resolver problemas práticos de instalação e funcionamento de uma rádio restrita dentro da escola.

A experiência nos mostra que, principalmente nas regiões onde se verificam taxas altas de criminalidade, o envolvimento e participação da comunidade nos projetos pedagógicos tende a diminuir as ocorrências de violência na escola.

O planejamento

Por que se sobrecarregar com todo o trabalho "braçal" de montar o projeto da radioescola, quando se podem dividir as inúmeras e variadas tarefas com o grupo de interessados?

É claro que nem todos poderiam realizar todas as funções necessárias, mas, do mesmo modo, é difícil encontrar alguém que, estando disposto, não consiga prestar algum tipo de ajuda.

Talvez a colaboração mais preciosa acabe sendo mesmo a do "revisor amigo", aquela figura paciente e meticulosa que lê com atenção tudo o que escrevemos, apontando com carinho as correções devidas.

Perguntas que devem ser respondidas
- Existe um modelo-padrão para projetos de ação pedagógica na escola? Ele atende à necessidade?
- O projeto proposto contempla as diretrizes expostas no PPP (projeto político-pedagógico) da escola?
- Você pensou num "plano B" (um modelo ou projeto alternativo)?

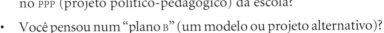

Pode ajudar

Expor versões preliminares do projeto para várias pessoas pode afinar o texto, depurando a redação e tornando as ideias mais claras.

Da mesma forma, examinar projetos semelhantes elaborados por outros pode ser valioso, ainda que você não incorpore o conteúdo ou o formato do trabalho alheio. Às vezes, é bom avaliar um projeto alheio passível de muitas críticas para não cometer os mesmos erros.

A pesquisa

Ao contrário do que possa sugerir o título desse item, a pesquisa não é uma instância teórica do trabalho.

Mesmo que seja necessário um levantamento preliminar de informações sobre radiofonia, projetos radiofônicos na educação e recursos técnicos requeridos, os dados mais importantes deverão resultar de sondagens realizadas dentro da própria escola.

A quantidade de interessados, a natureza do interesse de cada um, a contribuição potencial que pode se esperar dessas pessoas são informações que devem ser obtidas através de questionários, no âmbito da comunidade escolar envolvida.

Mais adiante, disponibilizamos um modelo de questionário para sondagem preliminar de interesse. Também há, uma sugestão de atividade baseada em pesquisa de opinião que pode auxiliar nessa etapa.

PESQUISA DE INTERESSE: PROJETO RADIOESCOLA

Apresentação
(deve ser lida para o entrevistado antes de se começar a entrevista)

"O objetivo desta enquete é apresentar a proposta da radioescola, uma atividade da qual podem participar todos os membros da comunidade escolar, de acordo com sua disponibilidade e sem necessidade de experiência prévia ou conhecimentos técnicos."

Nome do entrevistado

Idade

O que faz na escola?

Se aluno, em que ciclo/série estuda?

ENQUETE

1.Você ouve rádio

( ) diariamente ( ) de vez em quando ( ) raramente

2. No rádio, o que você prefere ouvir?

( ) música ( ) esportes ( ) notícias
( ) humor ( ) outros programas. Quais? _____

3. Você já participou de projetos interdisciplinares na escola?

( ) sim ( ) não
Em caso afirmativo, de quais projetos? _____

4. Como você qualificaria essa experiência anterior?

( ) muito boa ( ) regular ( ) ruim/ não qualifica
Por quê? _____

5. Se eu descrevesse a radioescola como uma "proposta na qual todos os participantes podem desenvolver a capacidade de se comunicar por meio de atividades em grupo interessantes e divertidas", o seu interesse seria:

( ) grande ( ) médio ( ) pequeno
Por quê? _____

6. Caso tenha dúvidas e sugestões sobre esta pesquisa, por favor, escreva-as no verso desta folha.

Obrigado!
(Data e local)

Perguntas que devem ser respondidas

- Qual o tamanho da pesquisa que você quer fazer? De quantos colaboradores precisará para colher os dados e proceder à tabulação?

- Você sabe usar planilhas de cálculo ou ferramentas de *hardware/software* para tabular e apresentar a pesquisa? Você possui meios digitais disponíveis na escola? Em caso negativo, você sabe transformar as informações em gráficos e interpretá-las?

- Você está preparado para lidar com respostas inesperadas?

Pode ajudar

Orçamentos normalmente são levantados a partir de três fontes diferentes. É sempre bom consultar aquele colega que entende bastante de aparelhos de som para fazer uma lista confiável.

Não se esqueça de verificar minuciosamente as condições de espaço e a instalação elétrica da escola. Se houver problemas de infraestrutura que você não havia detectado antes, ainda haverá tempo para modificar seu projeto, evitando prejuízos materiais e gastos desnecessários de tempo.

Escolha uma ocasião adequada para encaminhar a pesquisa de interesse preliminar. Situações adversas costumam deixar as pessoas arredias e indispostas a colaborar com qualquer iniciativa que apareça.

Elaboração do cronograma

O cronograma é um guia importante para o trabalho, desde que fortemente amparado na realidade. Isso quer dizer que não basta traçarmos uma meta e sermos otimistas quanto ao seu cumprimento. É necessário dispor de instrumentos efetivos para avaliar esse cumprimento e alternativas para corrigir, ainda a tempo, os eventuais desvios de curso.

Existe mais de uma maneira para montarmos o nosso cronograma. Ele pode ser feito como uma simples lista de tarefas com prazo. Nossa preferência aponta para esquemas gráficos baseados em tabelas, pela apresentação visual mais clara.

Perguntas que devem ser respondidas

- O cronograma foi feito com base no calendário escolar vigente? Nesse caso, ele está atualizado e registra todas as datas importantes, inclusive festas e reuniões de pais?

- Todos os membros da equipe de trabalho, o grupo de participantes e mesmo os colaboradores eventuais receberam uma cópia do cronograma?

- Quais os mecanismos previstos para acompanhamento ou correção do cronograma? Eles foram discutidos com todo o grupo?

Pode ajudar
O modelo aqui apresentado tem sido bastante útil para a maioria dos projetos pedagógicos e acadêmicos que desenvolvi ao longo dos últimos anos.

	Fev.	Mar.	Abr.	Mai.	Jun.	Jul.	Ago.	Set.	Out.	Nov.	Dez.
I. Pesquisa preliminar	▬										
II. Elaboração do projeto (1ª versão)		▬									
III. Apresentação e discussão			▬								
IV. Composição da equipe principal				▬							
V. Organização do grupo maior				▬							
VI. Formação preliminar (oficinas)					▬	Recesso/férias					
VII. Montagem da radioescola											
VIII. Atividades da radioescola							←――――――→				
IX. Avaliação intermediária					✓						
X. Avaliação final											✓

Modelo de cronograma.

Implantação da radioescola

Até aqui, todo o trabalho realizado foi no sentido de consolidar a proposta e angariar o maior apoio possível. Não recomendamos a compra de equipamento sem o dimensionamento correto da proposta, afinal, além de ser muito boa, a ideia deve ser amadurecida e situada na realidade do ano letivo.

Além do mais, existe uma série de atividades que predispõem o grupo a encarar a rotina de funcionamento da rádio e que podem ser iniciadas bem antes de se ter, efetivamente, espaço e aparelhagem.

Uma vez definida a dimensão do projeto, e havendo já um grupo de trabalho capacitado e motivado, é hora de configurar a radioescola. O *setup*, ou configuração dos equipamentos de áudio, é em princípio escalonável e flexível.

Neste subcapítulo, nos limitaremos a listar algumas opções básicas de configuração. Uma descrição mais detalhada dos equipamentos usuais de um estúdio de rádio e de suas respectivas funções será apresentada no próximo subcapítulo.

Perguntas que devem ser respondidas

- Os orçamentos tiveram como base opções diferentes de configuração? A opção escolhida foi orçada em pelo menos três diferentes fornecedores?

- As propostas de orçamento foram discutidas com o grupo de trabalho? Na ocasião, surgiram propostas alternativas?

- Que fontes de recursos poderão ajudar na compra e manutenção do material da radioescola? A possibilidade de obter apoio da comunidade ou de terceiros foi explorada?

Pode ajudar

Na sequência, três sugestões de configuração para o projeto de radioescola.

Nelas, estão relacionados apenas os itens de equipamento básico, sem a inclusão de acessórios e material consumível. Não se esqueça de que estes últimos devem ser listados quando da necessidade de se efetuar um orçamento.

	Gravação	Edição	Monitoramento	Veiculação
Configuração mínima Esta é a opção mais econômica (porém de menor desempenho)	2 gravadores portáteis de mão padrão K7 (para gravações externas e internas)	1 *tape deck* duplo (para cópia)	2 fones de ouvido tipo *earphone*	Rádio no pátio com *minisystem* ou amplificador + caixas acústicas
Configuração de rádio restrita Esta é uma opção intermediária, utilizada e testada com sucesso em vários projetos	6 gravadores portáteis de mão, padrão K7 (externas), 3 microfones (internas) e 1 mesa de som com pelo menos 8 canais de áudio	1 duplo *tape deck* e 1 gravador de CD ou *MiniDisc* (MD)	2 fones de ouvido de baixo custo	Sistema de caixas acústicas com fio ou sem fio (transmissor UHF)
Configuração digital Esta é uma configuração ainda pouco acessível para a maioria das escolas	6 gravadores portáteis padrão digital MP3 (externas)	1 computador com placa de som, *software* para edição de áudio e gravador de CD	2 fones de ouvido de alto custo, caixas acústicas multimídia	Sistema de transmissor + caixa acústica sem fio/internet (*podcast*)

> Não nos esqueçamos de que todos os equipamentos mencionados devem estar acompanhados de seus respectivos acessórios (cabos, suportes, baterias, fontes de força) e mídias (fitas, CDs e outros).

Desenvolvimento das atividades

Não há como prever todos os detalhes envolvidos num projeto que, antes de tudo, é realizado de acordo com os objetivos e possibilidades de cada escola.

Tudo o que podemos fazer é traçar uma linha de ação um tanto genérica que, esperamos, sirva como guia para a maior parte dos contextos válidos.

Assim, uma vez satisfeitos os pré-requisitos, a saber:

- um plano de trabalho completo e viável,

- um grupo disposto e preparado,

- espaço e equipamento suficientes, dimensionados para o projeto,

- o apoio da comunidade escolar, incluindo as instâncias diretivas da escola com aval da supervisão imediata (sim, isto também é importante),

podemos então dar início a uma rotina de atividades (programação) que, raramente, apresenta mesmo algo de "rotineiro".

Atividades cotidianas da radioescola

- Início dos encontros, momento para atividades de descontração e aquecimento; pode-se começar com uma dinâmica programada.

- Definição da proposta do encontro (da aula ou do dia). O ideal é ter uma tarefa programada, ainda que passível de mudança caso o grupo priorize (justificadamente) outra necessidade.

- Produção, que deve ter seu tempo cuidadosamente controlado. Deixar pendências pode ser perigoso, pois é frustrante não concluir um trabalho por falta de tempo.

- Avaliação da produção, sempre realizada com a participação de todo o grupo. Periodicamente, a avaliação pode se estender ao mês ou à fase que esteja em curso no projeto da radioescola.

- Registro da atividade em formato de relatório.

Perguntas que devem ser respondidas

- A rotina de trabalho da radioescola prejudica de alguma forma outra atividade escolar ou é prejudicada por ela? Como contornar o problema?

- O processo de trabalho está sendo conduzido de forma a manter o interesse do grupo, evitando-se a repetição mecânica de tarefas? Todos no grupo são colocados a par da finalidade e importância das atividades propostas?

- As sugestões e observações pertinentes do grupo são sempre respeitadas?

Pode ajudar

Crie uma caixa de sugestões e tantas formas e momentos quanto possível para que os participantes possam expressar seus sentimentos e opiniões. Não se esqueça também de realizar pesquisas periódicas para verificar o nível de aceitação e de apoio que a radioescola está obtendo.

Procure trocar experiências com outras escolas que desenvolvam projetos semelhantes. Você pode inclusive organizar simpósios e encontros temáticos com os quais os projetos ganhem uma projeção maior.

Avaliação do projeto

Pensamos haver abordado bastante a postura e alguns mecanismos necessários ao educador para que o seu projeto conte com uma avaliação adequada e produtiva.

Sem muito mais a acrescentar por hora, achamos pertinente sugerir (na seção "Pode ajudar") uma ficha de avaliação de produções radiofônicas, cujo modelo pode ser adaptado para se amoldar a várias ocasiões avaliativas.

O ponto importante é garantir que uma ficha de avaliação seja conscientemente preenchida e objetivamente interpretada, pois, caso contrário, corre-se o risco de que ela não tenha valor algum.

Por outro lado, um projeto corretamente avaliado, além de se justificar pedagogicamente, adquire uma legitimidade inquestionável.

Perguntas que devem ser respondidas

- A direção e a coordenação pedagógica da escola conta com informação ampla e constante sobre as atividades da rádio? E a comunidade? Estas instâncias participam da avaliação do projeto?

- Todos os participantes (isso inclui você, educador!) demonstram um bom nível de motivação e, principalmente, bom humor na execução das tarefas? Se a resposta é **não**, alguma coisa está **muito** errada...

- A radioescola tem conseguido compor um bom acervo de produções, gravando-as e arquivando projetos e roteiros? Além do fato de uma rádio precisar de áudio para colocar no ar, existe também a já ressaltada necessidade de registro.

Pode ajudar

Mais adiante você encontrará uma ficha-modelo sugerida para avaliação sistemática de produções radiofônicas. No caso, a avaliação usada como modelo refere-se ao formato radiofônico da entrevista.

Os participantes devem ser orientados a justificar sempre suas respostas. Portanto, consideram-se apenas as respostas (bem) justificadas.

As três colunas de resposta podem ser convertidas num *score* quantitativo que considere: 1ª coluna = 2; 2ª coluna = 1; 3ª coluna = 0.

OFICINA DE RÁDIO – 2007
FICHA DE AVALIAÇÃO – ENTREVISTA

Grupo avaliado/ tema

Avaliador (nome/ nº/ série-ciclo)

Análise do conteúdo

1. De acordo com o que foi proposto, a produção pode ser considerada...

( ) plenamente satisfatória   ( ) parcialmente satisfatória   ( ) insatisfatória

JUSTIFIQUE

2. Em relação ao formato – entrevista–, a produção pode ser considerada...

( ) plenamente adequada   ( ) parcialmente adequada   ( ) inadequada

JUSTIFIQUE

3. O tema da entrevista pode ser considerado?

( ) pertinente   ( ) pertinente, em termos   ( ) pouco pertinente

JUSTIFIQUE

4. Você diria que o trabalho realizado contribui para a compreensão do tema...

( ) muito ( ) um pouco ( ) muito pouco

JUSTIFIQUE

Análise técnica

5. O projeto e o roteiro são consistentes e coerentes em relação à produção?

( ) plenamente ( ) parcialmente ( ) muito pouco

JUSTIFIQUE

6. São apresentados os créditos na produção?

( ) sim, completos ( ) sim, ( ) não
mas incompletos

JUSTIFIQUE

7. A qualidade geral do áudio pode ser considerada...

( ) muito boa ( ) boa ( ) razoável

JUSTIFIQUE

8. Sobre a qualidade da locução, poderíamos dizer que...

( ) é muito boa ( ) é bastante razoável ( ) poderia melhorar
muito

JUSTIFIQUE

9. O emprego de recursos de áudio (vinhetas, efeitos, música etc.) foi...

( ) plenamente   ( ) parcialmente   ( ) inadequado
   adequado   adequado

JUSTIFIQUE

10. Quanto ao cumprimento e finalização da proposta, podemos considerá-la...

( ) finalizada   ( ) finalizada   ( ) não finalizada
   no prazo   fora do prazo

JUSTIFIQUE

A ROTINA DE OPERAÇÃO DA RÁDIO

Mesmo que numa proposta diferenciada da operação comercial, o rádio mantém algumas peculiaridades que precisam ser observadas, principalmente no que se refere à maneira como se trabalha, ou seja, sua sistemática de operação.

Esse trabalho pode ser dividido em duas grandes áreas bem distintas: produção e veiculação (ou transmissão).

Assim, podemos falar em uma rotina de produção e outra de transmissão.

A produção: projeto e roteiro

A produção em áudio partilha da sequência geral de ações comuns a todas as mídias, que pode ser ilustrada pelo esquema:

projeto ⟶ gravação ⟶ edição ⟶ registro

Para uma produção simples, recomendamos observar o formato geral apresentado neste capítulo. Na prática, os projetos de produção em mídia são mais "enxutos", usando um texto mais objetivo e ênfase nos aspectos técnicos.

A razão é simples: o projeto necessita ser facilmente compreendido pela equipe de trabalho, de preferência com uma necessidade mínima de intervenção por parte do produtor.

O elemento diferencial mais marcante do projeto é o roteiro.

> **Mas o que é e para que serve o roteiro?**

Já esclarecemos que a produção radiofônica pode nascer do improviso e da criação espontânea, e que essa abordagem não deixa de ser válida. Porém, quando desejamos um grau de sofisticação maior no produto, ou mesmo uma sensação de segurança técnica maior por parte de quem produz, o roteiro **deve** ser construído.

Para uma definição simples, basta dizer que o roteiro é um texto técnico que descreve uma produção, apoiado em termos de fácil entendimento para os profissionais envolvidos. Muitas vezes ele é confundido com o *script*, que é simplesmente o texto da locução com as marcas (indicações de ação) e as rubricas (que indicam a entonação).

Veja a seguir o exemplo de um *script*:

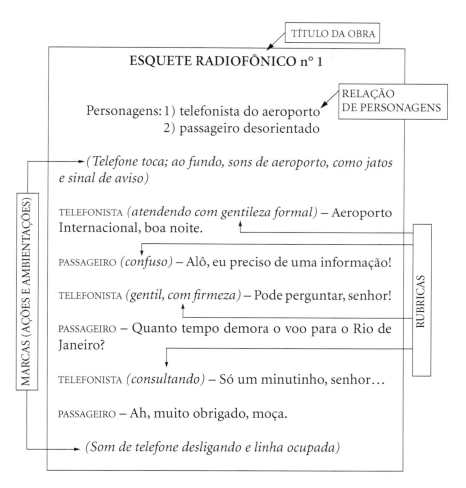

Modelo de script.

O roteiro de áudio para rádio deve ser mais completo.
Existem várias possibilidades, cada uma delas atendendo a um universo em particular. Eis o modelo que sugerimos:

ROTEIRO RADIOFÔNICO				

Gênero/subgênero: radioconto – fábula moderna

Título: "A Cigarra e a Formiga"

Autor: da célebre fábula de Jean de La Fontaine (1621-1695), adaptada por M. Consani

Personagens: 1) narrador, 2) a Cigarra, 3) a Formiga

(FICHA TÉCNICA)

Script	Trilha	Sonoplastia		Tempo
		Ambiência	Eventos	
Cena 1				
NARRADOR *(com ênfase)* – "Radioescola Contexto" apresenta	BG entra: Faixa 1*			00:01s
"A Cigarra e a Formiga", uma fábula de Jean de La Fontaine, adaptada por Marciel Consani.	BG sobe			00:07s
Num quente dia de verão, a Cigarra cantava na copa da árvore, com SUA VIOLA.	BG desce até sumir	Sons do campo, grilos e pássaros cantando (entra com volume igual ao da trilha, mas logo reduz até quase sumir)		00:15s
CIGARRA *(com alegria)* – La-la-la-ri-ra-ra-laaaa-iaaaaa! Epa! Quem é aquela figura ali embaixo, carregando uma folha muito maior que ela? É uma formiga! *(gritando)* Ei, você aí!	Entra solo de viola Faixa 2** Viola para			00:21s 00:26s
FORMIGA *(surpresa)* – O quê? Onde? Ah, é uma cigarra!			**evento em destaque**	
CIGARRA – Me espere, não dê mais um passo! Estou descendo… *(desce da árvore)* – Comadre, mas o que você está fazendo com essa folha enorme? Quer se matar?			Som de queda e aterrissagem	00:32s
FORMIGA *(rindo)* – Esta aqui? Isto não é nada pra quem está acostumada a trabalhar toda a vida, de sol a sol… *(para de rir, examinando a cigarra)* – Acho que este não é bem o seu caso, não é mesmo, "Comadre"?		**colunas de sonoplastia/trilha**		
CIGARRA *(ri, meio sem graça)* – Ah, você deve estar pensando que eu não trabalho! Mas é que eu sou músico!				00:42s

(rubricas, marcas — COLUNA "TEMPO")

REFERÊNCIAS DA TRILHA	
*Faixa 1	"As quatro estações/ O verão – <u>concerto</u> para violino em sol menor, op. 8 nº 2". de Antonio Vivaldi, primeiro movimento (Allegro).
**Faixa 2	"Saudades de Matão" de Antenogenes Silva – Jorge Galatti – Raul Torres.

(OBSERVAÇÕES)

Modelo de roteiro de áudio para rádio.

Podemos considerar esse modelo extremamente detalhado e preciso, a um ponto que raramente é observado, inclusive nas produções profissionais de áudio. Entretanto, para o professor disposto a explorar minuciosamente os conceitos e recursos da produção em rádio, ele pode se revelar extremamente útil.

Preenchê-lo adequadamente já é um excelente exercício! Nada impede também o uso de um modelo mais simples, fundindo as colunas de trilha e <u>sonoplastia</u> ou, se preferir, excluindo a coluna de tempo.

Então, recapitulando, apresentamos até aqui três possibilidades práticas de se conduzir uma produção em rádio:

- projeto com roteiro improvisado;

- projeto com base em *script*;

- projeto com base em roteiro de áudio.

Com o projeto e o roteiro em mãos, podemos finalmente "entrar no estúdio" para a gravação.

E o que acontece, agora?

A gravação

Do ponto de vista do áudio, a gravação é um processo analógico, digital ou uma combinação de ambos, que compreende três etapas:

- CAPTAÇÃO – consiste na captura do som a partir de qualquer fonte – microfones, instrumentos elétricos ou dispositivos eletrônicos, normalmente pelo sistema <u>multipista</u>, isto é, gravações em <u>pistas</u> distintas ou <u>canais</u> distintos. No caso, os canais/pistas podem ser modificados e até eliminados da gravação individualmente, sem interferirem uns nos outros.

- MIXAGEM – consiste no tratamento do áudio, <u>equalização</u> e distribuição em planos diferentes das pistas gravadas. Isso é feito para dar mais destaque a um som em relação aos outros, como, por exemplo, quando se quer destacar a voz num primeiro plano em relação aos instrumentos que a acompanham, numa canção.

- MASTERIZAÇÃO – é o nome dado à fixação, numa <u>mídia</u> física, de uma versão determinada do áudio mixado. A mixagem resulta sempre na geração de um *master*, isto é, de uma matriz que servirá como base para a reprodução de tantas cópias quantas forem necessárias da gravação mixada.

No jargão radiofônico, no entanto, quando falamos em gravação, quase sempre nos referimos estritamente à fase de captação. Isso ocorre porque, no rádio, a maior parte da programação não é gravada, mas transmitida ao vivo, em tempo real.

No universo de nossos projetos educomunicativos, as fases posteriores à gravação são de suma importância, já que o registro das produções é uma garantia fundamental para a tarefa de avaliarmos a produção.

E o que é necessário sabermos sobre a gravação?

Alguns pontos importantes:

- **Tipos de microfones:** que podem ser classificados de várias maneiras. Para os padrões de uso geral dos projetos de radioescola, quase sempre encontramos microfones dinâmicos (reproduzem com mais facilidade os sons mais fortes), direcionais <u>cardioides</u> (captam melhor o som que vem da sua frente) e de baixa sensibilidade.

    Eventualmente, podem ser encontrados tipos diferentes, como os <u>microfones de condensador</u>, que requerem alimentação elétrica (*phantom-power*). Existem ainda classificações baseadas não no princípio de funcionamento, mas no emprego dos microfones. Nesse caso temos o de lapela, o *headset* (associado a fones de ouvido), o sem fio e o *boom*, usado para gravação de som direto, como nos filmes e novelas.

- **Locais de gravação:** é claro que um estúdio de rádio projetado acusticamente e devidamente isolado é o local ideal para a maior parte das produções. Na realidade das escolas, isso é quase um sonho, mas pode-se improvisar bastante, utilizando materiais alternativos, como carpete, espuma e papelão de caixas de ovos. O mais importante é evitar locais movimentados, abertos e, principalmente, espaços com paredes nuas ou ladrilhadas, que provocam verdadeiras enxurradas de _reverb_.

A acústica gera um problema adicional: os materiais isolantes de som são, quase sempre, geradores de calor. Por isso, há que se prever também um sistema de ventilação eficiente para evitar graves desconfortos e riscos à saúde.

> O ISOPOR, que é um excelente isolante térmico, não é um bom isolante acústico!

- **Horários de gravação:** é claro que os horários em que há menos movimentação de pessoas são mais propícios às gravações, mas, tratando-se de seres humanos, temos que levar em conta a curva de desempenho vocal que se desenrola ao longo do dia. Assim:
  - pela manhã, temos as cordas vocais relaxadas, e a tendência é alcançarmos tons mais graves e cheios (a famosa "voz de peito"), mas sem muita extensão para o agudo;

  - de tarde, conseguimos atingir um certo equilíbrio, alcançando muitas vezes um tom que podemos identificar como o nosso "normal", com uma predominância do tom médio da voz;

  - à noite, nossa voz cansada pode até atingir os tons mais agudos (animando os "cantores de banheiro") – entretanto, o desgaste já compromete a eficiência, o que pode resultar em locuções apagadas e falhas.

- **Escolha de gravadores:** a grande maioria das escolas brasileiras – e não só as públicas – ainda dispõe de pouquíssimas opções neste quesito. O equipamento-padrão em nosso meio ainda é a velha fita K7, que, sob qualquer aspecto, não apresenta um bom áudio.

Outro problema do padrão K7 é a falta de um código de sincronia confiável, pois a passagem da fita é marcada não por frações de tempo (minutos, segundos, décimos), mas por conta-giros.

Uma geração ou duas de suportes digitais como o _DAT_ e o _minidisc_ (MD) passou desapercebida de nosso mercado de áudio, e a tendência, ainda que lenta, é a de adotarmos a gravação digital a medida em que os tocadores/gravadores de _MP3_ ficarem ao alcance do bolso do cidadão comum. Enquanto isso não acontece, as escolas que dispõem de computadores podem usar recursos de som do _hardware_ e contar ainda com bons _softwares_ para edição de áudio, alguns inclusive gratuitos e de fácil utilização. Procure, por exemplo, pelo _Audacity_, uma opção comprovadamente vantajosa nesse sentido.

Edição e registro

Para os fins a que me propus neste livro, considero que:

TRATAMENTO DO ÁUDIO – é qualquer modificação realizada sobre o áudio com o objetivo de destacar determinados parâmetros e, de um modo geral, tornar o som mais "audível".

Implica, quase sempre, aumento do volume geral, reequalização do trecho gravado e, eventualmente, aplicação de filtros e reconstituição de falhas no áudio. Exemplo: remasterização de discos de vinil (ou de fitas K7) para CDs.

EDIÇÃO DE SOM – é o nome dado à sequência de operações de estruturação do áudio: cortes, supressões, aplicação de efeitos, distribuição nos canais do estéreo, mudanças de tempo e de ordem dos eventos.

O objetivo é atingir uma versão específica do produto final que atenda aos objetivos do produtor.

REGISTRO – é toda e qualquer fixação do áudio num suporte físico, quase sempre já na forma de uma produção acabada, isto é, já tratado e editado. Eventualmente, entretanto, pode ser necessário o registro do áudio "bruto".

Os computadores na escola, contando com programas adequados e competentemente operados, podem resolver definitivamente o problema de tratamento e edição do áudio. Na falta de tais recursos, é preciso apelar para soluções "alternativas", do tipo:

- *edição "instantânea"* – ocorre quando, no ato da entrevista, o botão de pausa é acionado nos trechos em que se deseja obter silêncio. A desvantagem, além do desconforto da operação, é a imprecisão dos cortes.

- *edição em tempo real* – consiste na delicada operação de, no momento de apresentar o áudio gravado, adiantar e acelerar o gravador, selecionando apenas os trechos desejados. Além de aborrecer o público, essa opção torna inviável a mesma apresentação duas vezes.

- *edição "caseira"* – que se pode realizar com o auxílio de um segundo gravador ou de um aparelho toca-fitas duplo (*duplo deck*). Nesse caso, enquanto um dos gravadores toca o áudio original, o outro grava só as partes que serão registradas, na ordem que se desejar. O aspecto inconveniente é a perda sensível de qualidade que acontece quando se copia analogicamente o áudio de uma fita para outra.

Como podemos ver, essas alternativas nada mais são do que os procedimentos normalmente observados quando a necessidade de fazer uma gravação é maior do que a gama de recursos que temos à nossa disposição.

Veiculação

Uma vez finalizada a produção do material em áudio, a apresentação poderá assumir três modalidades:

TRANSMISSÃO EM TEMPO REAL – corresponde à boa e velha execução ao vivo, que é a essência da radiofonia.

Nesse caso, é preciso atentar para uma série de cuidados técnicos, tais como não apontar o microfone na direção de caixas acústicas, não conectar ou desconectar aparelhos em canais abertos (com o som ligado) e não tropeçar em algum cabo.

Além desses cuidados básicos, é preciso manter a concentração, a atenção e a seriedade para não esquecer as falas, errar as entradas ou simplesmente cair no riso sem motivos.

Por outro lado, aspectos como a emoção do momento, a participação espontânea e até alguma ansiedade temperando o evento garantem o caráter único da veiculação em tempo real como vivência significativa para todos os envolvidos.

TRANSMISSÃO PRÉ-GRAVADA – consiste em tocar apenas os programas já editados para uma audiência.

O aspecto "frio" dessa veiculação pode ser contrabalançando pelo grau de acabamento mais elaborado e pela possibilidade de organizar as produções numa sequência ou bloco de programação. Quando há a necessidade de manter uma programação diária ou constante na radioescola, o ideal é poder contar com blocos de programação já formatados e armazenados cuidadosamente em CDs ou fitas.

Para orientar o trabalho de organização do acervo de produções num formato que permita sua visualização e manuseio, sugerimos o uso de uma ferramenta de trabalho bastante prática e versátil: a *tabela de programação*.

A seguir a estrutura desse recurso é exemplificada.

TRANSMISSÃO HÍBRIDA – combina o *modus operandi* das duas modalidades anteriores.

Na verdade, esse é o procedimento que mais se aproxima da radiofonia profissional, visto que nela se intercalam produções pré-gravadas – vinhetas, _spots_, reportagens (esses formatos de produção radiofônica serão abordados no capítulo "As produções de rádio" deste livro) – com outras transmitidas em tempo real, como noticiários e programas musicais.

Tabela de programação			
Data____/____/____ Rádio: (nome da radioescola) Resp.: (responsável discente/docente)			
Nº ref.	Nome	Descrição	Duração
EI120506	Primeira entrevista com o prefeito	Entrevista interna realizada por ocasião da visita do prefeito em nossa escola	03m_45s
VR__01__	Vinheta nº 1	Vinheta oficial da radioescola	00m_05s

Espaço para atribuir um número de referência da produção, muito útil para sua catalogação (ver exemplo)

Aqui deve constar o título indexado da produção

Nesta coluna é dada uma descrição sucinta da concepção e dos objetivos da produção (ver exemplo)

Aqui deve constar, com precisão, o tempo de duração da produção, em minutos e segundos (ver exemplo)

Modelo de tabela de programação para rádio.

Essa tabela pode ser adaptada para incluir quaisquer informações pedagógicas que o educador julgar pertinente.

Resumo

Este capítulo abordou:

A montagem da radioescola como premissa de trabalho.
As providências concretas a serem tomadas para que isso seja possível, incluindo: • a elaboração do projeto e seus itens – título, concepção, justificativa, objetivos, metas, desenvolvimento, recursos necessários, avaliação e registro; • os cuidados referentes a cada uma das fases do trabalho, considerando-se concepção, discussão, planejamento, pesquisa, elaboração do cronograma, implantação da radioescola, desenvolvimento das atividades e avaliação.
A rotina de operação da radioescola, incluindo: • produção – roteiro e *script*; • gravação – captação, mixagem, masterização, tipos de microfone, locais e horários de gravação; • edição de áudio – envolvendo tratamento, edição de som e registro; • transmissão – nas modalidades em tempo real, pré-gravada e híbrida, assim como suas respectivas vantagens e desvantagens; • tabela de programação.
No próximo capítulo trataremos dos gêneros e formatos mais representativos da linguagem radiofônica, bem como de suas possibilidades de emprego na sala de aula.

AS PRODUÇÕES DE RÁDIO

Já tratamos bastante, até aqui, das características e peculiaridades da linguagem do rádio. Para entendermos o assunto com uma profundidade maior, precisamos realmente "mergulhar de cabeça" nas produções, isto é, conhecer um pouco dos diferentes gêneros e formatos radiofônicos.

Aqui começa o desafio:

| Como entender gêneros e formatos no rádio? | **?** |

É preciso que se fale da dificuldade em estabelecer o consenso, seja entre os produtores, seja entre os pesquisadores, sobre a tipologia das produções radiofônicas. Essa dificuldade é a mesma encontrada para categorizar formas estéticas – criações do gênio humano – em todas as linguagens expressivas e comunicativas.

A maior parte das categorizações observadas no conjunto de estudos sobre rádio se apoia na tipologia definida pela Literatura, o que causa uma dificuldade primária, já que o nosso veículo é muito mais oral do que escrito.

Assim, divisões como "ficção" e "não ficção" perdem boa parte do sentido, já que um *spot* comercial, um *jingle* ou uma vinheta seriam dificilmente enquadráveis em qualquer uma das duas categorias.

Felizmente, foge muito ao escopo deste livro defender esta ou aquela classificação, de modo que, para nossa necessidade básica, uma conceituação de ordem geral terá que bastar.

Por outro lado, detalharemos bastante os formatos mais importantes e usuais da produção radiofônica, apontando-lhes as características e possibilidades de emprego dentro do projeto da radioescola.

> Não podemos nos esquecer de que o objetivo do projeto radiofônico escolar não é nem nunca foi ocupar-se da produção midiática como um fim (para isso existem as rádios e as produtoras), mas tão somente como uma metodologia válida dentro da missão educativa da escola.

O que chamamos de "gêneros radiofônicos" seriam grupos de produções definidos pela sua *finalidade principal.*

Assim, poderíamos classificá-los simplificadamente como:

- Gênero jornalístico;

- Gêneros cultural e educativo;

- Gênero publicitário;

- Gênero de entretenimento.

Detalhando melhor:

JORNALÍSTICO – produções de caráter informativo, oferecidas tradicionalmente como uma vertente da prestação de serviços que consagrou o rádio.

O radiojornalismo observa a maioria dos princípios técnicos e éticos da imprensa que vigoram em outras mídias, tais como a TV e os jornais impressos.

Esse gênero de produções sempre foi o mais explorado pelas rádios AM, mantendo sempre o "apelo da urgência" como uma garantia para fidelizar o ouvinte. Entre os vários exemplos, trataremos aqui de:

- notícias;

- entrevistas;

- reportagens;

- comentários;

- debates.

CULTURAL E EDUCATIVO – produções de natureza comercial ou institucional, de caráter recreativo e informativo, que constituem a maior parte das atrações presentes nas grades de programação das FMs. O volume maior de produções neste gênero está ligado, direta e indiretamente, à *música*.

Além dessas atrações sonoras pré-produzidas não necessariamente para o veículo rádio, enquadramos aqui a radionovela e seus similares (radioconto, radioteatro) numa categoria genérica que chamamos de radiodramaturgia.

Essa classificação é evidentemente didática, já que tais produções também representam um tipo – ainda que mais "elitista" – de entretenimento. Destacamos:

- radiodramaturgia;

- programação musical.

PUBLICITÁRIO – produções de caráter "explicitamente" comercial, o que inclui todas as formas de propaganda no rádio. As aspas da frase anterior remetem a dois tipos de produção que se imbricam e, às vezes, se confundem na fronteira nebulosa entre a verdade e a inverdade.

Uma delas seria o jornalismo partidário, no qual a notícia assume uma finalidade propagandística numa postura eticamente controvertida. A outra seria a chamada "matéria paga", na qual o formato jornalístico serve de embalagem para um anúncio publicitário.

Por outro lado, o termo "publicidade" também denota a finalidade de publicação – no sentido de tornar pública uma opinião ou ponto de vista de um indivíduo ou grupo específicos. Neste segundo caso, podemos nos referir à publicidade institucional. Analisaremos:

- *spots*;

- vinhetas e *jingles*.

DE ENTRETENIMENTO – produções com finalidade estrita de lazer, mas que nem por isso deixam de incorporar características e recursos dos outros gêneros.

É interessante notar que tanto o entretenimento quanto a publicidade costumam provocar uma certa apreensão nos meios pedagógicos, o que explicaria, em parte, as acusações (não de todo infundadas) sobre o papel manipulador das mídias. Por esse prisma, as produções jornalísticas e culturais/educativas aparentam ser, digamos, mais "respeitáveis". Cabe ressaltar que não entraremos aqui nesse mérito, já que nossa proposta é baseada num fazer que utiliza a linguagem radiofônica sem grande aprofundamento nas teorias de recepção crítica dos meios (teorias da comunicação pautadas na análise da influência das produções na audiência).

Analisaremos:

- programas de variedades;

- *game shows*;

- programas esportivos.

Abordaremos, ainda que de forma breve, todos os exemplos mencionados, apresentando suas características e possibilidades pedagógicas de acordo com o seguinte padrão:

- O que define este gênero?;

- O que pode ser trabalhado com este gênero?;

- Dez dicas úteis.

Gênero jornalístico

Notícias

O que define uma notícia?
A notícia, forma que sintetiza o gênero jornalístico, precisa contar com três qualidades básicas: ser nova, interessante e verdadeira.

Por "nova", entende-se que ela seja um fato desconhecido pela maioria dos ouvintes, provavelmente por ter acontecido há pouco tempo ou ainda estar acontecendo. Aqui nos deparamos com o conceito de "temperatura" dos fatos. O jornalismo classifica notícia como "matéria quente", ao passo que a reportagem, em geral, é feita sobre "matéria fria". Mas cuidado para não se enganar!

A morte do cantor Elvis Presley pode não ser nenhuma novidade, mas o centenário desse fato (e os prováveis eventos que deverão recordá-lo) poderão constituir notícia no ano de 2077...

> Em 1938, o jovem radialista Orson Welles (1915-1985) apavorou parcelas expressivas da população norte-americana com sua adaptação radiofônica para a *Guerra dos mundos*, livro do escritor britânico Herbert George Wells (1866-1946) publicado quarenta anos antes. O mesmo romance foi adaptado para o cinema pelo cineasta americano Steven Spielberg em 2005, aparentemente sem pânico generalizado.

O fator "interesse" também é obrigatório nas notícias, embora ele possa ser tão variável quanto o grau de envolvimento dos ouvintes com os fatos. Mesmo assim, um evento grave como um atentado ao papa acaba sendo uma notícia de repercussão mundial, não só para os católicos. Por outro lado, o nascimento de um bezerro passaria desapercebido do mundo, mas poderia ser destaque no jornal de uma pequena comunidade rural (se o bezerro fosse um clone, o interesse certamente aumentaria…).

Já a veracidade da notícia é sua dimensão absoluta. Num órgão de imprensa pode acontecer, eventualmente, de um fato inverídico ser apresentado como verdade. Nenhum jornal do mundo está livre do risco de publicar uma "barriga" (no jargão do jornalismo brasileiro, esse é o nome que se dá à notícia falsa veiculada como fato), por falha dos procedimentos de checagem e até por má-fé de alguém. Difícil mesmo é recuperar a credibilidade do veículo posteriormente.

É claro que, às três qualidades básicas, podemos acrescentar outras, tais como inteligibilidade, imparcialidade, precisão, mas todas acabam sendo um aprofundamento daquelas.

Dez dicas úteis sobre notícias

1. A eficácia do rádio enquanto veiculador de notícias está diretamente ligada à sua agilidade. Por isso, quanto mais *quente* for a notícia, melhor.

2. Não descarte nenhuma colaboração: a <u>pauta</u> jornalística pode surgir da percepção de pessoas mais conectadas à realidade que o próprio repórter (inclusive o ouvinte).

3. A redação radiofônica deve ser coloquial e dirigida diretamente ao ouvinte. Sempre leia em voz alta o que escreveu para ver como soa.

4. Seja econômico e objetivo. Lembre-se de que cada segundo desnecessário exigido da atenção do ouvinte prejudica a audiência.

5. Seja cuidadoso na elaboração da pauta. Se rabiscada em excesso, pode ficar ilegível diante do locutor e acarretar resultado constrangedor.

6. A pronúncia errada do nome de uma cidade, de uma pessoa ou de alguma palavra em língua estrangeira é uma falha grave. Estude antes!

7. Arredonde os números e, na pauta, escreva-os sempre por extenso.
8. Evite expressões estrangeiras que tenham correspondência em nossa língua. Afinal, você está transmitindo para cidadãos do nosso país!
9. Fuja do "gerundismo" e dos verbos auxiliares dispensáveis (Ex.: "Vou estar fazendo", no lugar de "farei"). Prefira o discurso direto e os verbos no infinitivo.
10. Preserve sua opinião sobre os fatos noticiados. A maioria dos ouvintes gosta de formar sua própria opinião e está muito mais interessada na precisão e objetividade da notícia.

O que pode ser trabalhado por meio das notícias?

- As notícias estão entre os formatos jornalísticos que exigem preparação mais criteriosa. Definir o *lead* (manchete), sintetizar em frases curtas e objetivas as informações realmente importantes de que o ouvinte necessita, exigem uma habilidade do redator, que se aprimora com a prática.

- Por isso mesmo, pautar notícias e fazer a sua locução desenvolvem tanto a capacidade de escrever quanto a de expressar, oralmente, o seu significado.

- Junte a isso a necessidade de pesquisar cuidadosamente os fatos novos, interessantes e verdadeiros, e teremos aqui um instigante recurso para ocupar o horário de atividades de qualquer radioescola.

- Existe ainda a possibilidade, bastante interessante, de se aproveitar o "estilo noticioso" aplicando-o em sala de aula nas disciplinas que lidam com fatos históricos e científicos (não necessariamente recentes).

- Assim, poderíamos montar um "Jornal da História", narrando notícias como a Independência do Brasil ou a eclosão da Segunda Guerra Mundial, diretamente do "túnel do tempo".

Entrevistas

O que define uma entrevista?

A entrevista é basicamente um recurso jornalístico para coletar e apresentar informações do ponto de vista de terceiros. Essa característica diferencial tem seus atrativos, e eles não se evidenciam apenas quando o entrevistado é uma pessoa ilustre ou uma reconhecida autoridade no assunto discutido. Há muitas ocasiões, no rádio, em que se entrevistam populares ou pessoas que saem momentaneamente do anonimato (para regressarem a ele no momento seguinte) apenas para emitir uma opinião que reflita a situação noticiada.

Um exemplo: em uma greve nos serviços públicos, além de contrapor as entrevistas do diretor-geral do órgão com a dos sindicalistas do comando de greve, torna-se altamente recomendável dar voz aos desatendidos. Estes, além de serem parte interessadíssima na questão, constituem-se, com toda certeza, no grupo com o qual os espectadores têm maior possibilidade de se identificar.

Apesar da aparente informalidade de muitas entrevistas, existem procedimentos técnicos indispensáveis para levá-las ao ar e um conjunto não menos importante de normas éticas que são praticamente consensuais nos órgãos de imprensa. Para conhecê-los, sugerimos a leitura da bibliografia específica relacionada na seção final desta obra.

Dez dicas úteis sobre entrevistas

1. Prepare a entrevista de antemão, procurando conhecer o máximo sobre: o entrevistado, o tema da entrevista e o objetivo desta.
2. Ao prever possíveis respostas, tenha à disposição um leque de perguntas suplementares.
3. Antes de realizar a entrevista, discuta previamente as questões com o entrevistado. Dê preferência a questões curtas, diretas e objetivas.
4. Como entrevistador, nunca fale mais do que o entrevistado. Também não convém aparentar erudição ou conhecimentos profundos sobre o tema tratado – do contrário, o ouvinte pode não saber quem está respondendo as perguntas.

5. Utilize o princípio da "ingenuidade esclarecida": tendo claro seu objetivo, faça perguntas que um ouvinte faria, tentando conhecer aspectos novos sobre o assunto em questão.
6. Evite as perguntas múltiplas que podem confundir o entrevistado e o ouvinte, bem como as afirmações categóricas.
7. Caso a resposta não atenda ao que foi perguntado, insista, polidamente, no questionamento.
8. O entrevistador não deve discutir seus próprios pontos de vista sobre o tema com o entrevistado.
9. As perguntas não devem ser fechadas, intimidatórias, vexativas, autoritárias ou capciosas. O entrevistador deve direcionar e não conduzir a entrevista.
10. Use a palavra "finalmente" apenas uma vez na entrevista. Encerre sempre agradecendo ao entrevistado.

O que pode ser trabalhado por meio da entrevista?

- Pode-se dizer que a dimensão humana dos fatos aparece mais quando a narrativa vem não de um profissional da comunicação, mas de um colaborador "espontâneo" representado pelo entrevistado.

- Existem também exemplos de personalidades históricas que escreveram muito pouco, mas deixaram suas ideias registradas por terceiros na forma de entrevistas, um registro da legítima expressão oral.

- É claro que existem inúmeros "profissionais da opinião", como é o caso dos políticos em geral, dos relações-públicas e porta-vozes de setores (sindicatos, igrejas), que já adotam uma postura condizente com os interesses que representam.

- Mesmo assim, um repórter competente consegue, pela sutileza e inteligência das questões, evidenciar contradições no discurso do entrevistado ou reconstituir aquela verdade que se escondeu nas entrelinhas.

- A natureza da comunicação verbal também propicia a dialogicidade, qualidade muito destacada na obra do educador Paulo Freire.

- Todo processo comunicativo deriva de um embate de opiniões do qual emerge uma síntese, uma verdade provisória que é construída pelo livre-arbítrio do ouvinte.

- Nesse quesito, a entrevista delimita didaticamente o lugar dos antagonistas, assumindo para o entrevistador a posição do ouvinte. Assim, uma correta identificação do público e dos seus interesses deve ser a maior preocupação de quem organiza uma entrevista.

- Mais uma vez, encontramos uma excelente oportunidade para desenvolver a habilidade de reconhecer o outro, nos colocando em seu lugar.

> O grande escritor argentino Jorge Luis Borges – talvez o maior entre os latino-americanos – tinha a resposta pronta quando algum repórter lhe perguntava sobre o fato de ele ser um "mestre" das letras. O autor de *O Aleph, O livro dos sonhos* e *História universal da infâmia* invariavelmente respondia: "Eu comecei, como todos os escritores, sendo um gênio. Agora me resigno a ser Borges".

Reportagens

O que define uma reportagem?

Tudo o que se disse sobre notícia, no que diz respeito à sua "temperatura" e imediatismo, muda quando tratamos da reportagem. Aqui trabalhamos com uma sobriedade maior e uma organização que aprofunda o aspecto informativo, ao mesmo tempo em que incita o ouvinte a construir sua própria opinião.

Consequentemente, exige-se do repórter (ainda que ele seja ocasional) uma pesquisa mais apurada, a habilidade de lidar com informações mais complexas e estruturá-las em blocos informativos "enganchados" entre si.

Tecnicamente, este é um trabalho de edição, isto é, formatação do material gravado para adequá-lo à proposta previamente redigida (projeto e roteiro). Entretanto, ao final da tarefa, ainda que a duração da reportagem não chegue a três minutos, ela deve soar "orgânica", sem sobressaltos e "chegar a algum lugar" diferente daquele do qual partimos.

Dez dicas úteis sobre reportagens

1. Normalmente, as reportagens surgem do aprofundamento das notícias. Cuidado: nem todas as notícias merecem virar reportagens.
2. A produção de reportagens leva mais tempo e consome mais recursos que a cobertura de notícias.
3. Em relação às notícias, lembre-se de que a precisão de fatos, datas, nomes e demais informações deve merecer uma atenção redobrada.
4. Cuidado com o "denuncismo". O rádio é um instrumento de comunicação e não um substituto da justiça. As queixas e denúncias devem sempre ser encaminhadas aos órgãos responsáveis.
5. Se a reportagem trata de questões controversas, contrapondo posições, a obrigação do repórter é permitir a manifestação de ambas as partes envolvidas.
6. É preciso também um cuidado especial quanto a informações sigilosas, confidenciais ou reservadas. Muita coisa não pode ser levada a público sem autorização expressa do informante.
7. Se o assunto for abrangente e possibilitar desdobramentos, não faça uma reportagem superficial: organize uma *série* de matérias sobre o tema.
8. Devido à sua maior extensão, as reportagens demandam uma edição cuidadosa. A sequência de informações deve ser organizada em *blocos* **ou** *segmentos*, para garantir total inteligibilidade.
9. A reportagem deve, sempre que possível, incluir, além de entrevistas, depoimentos, comentários e música de fundo. A variedade de recursos torna a informação muito mais atraente para o ouvinte.
10. Às vezes, surgem fatos novos sobre o tema da matéria antes mesmo que ela seja veiculada. Nesse caso, não se desespere: a menos que seja um desmentido oficial, o trabalho não está perdido. Acrescente um segmento final de "últimas notícias" e retifique o que for preciso.

O que pode ser trabalhado por meio da reportagem?

- Na escala dos formatos jornalísticos, a reportagem avança vários degraus em relação à notícia e à entrevista. Aliás, é bastante comum que a primeira sirva de "gatilho" para uma reportagem, e que a segunda represente também uma forma de acrescentar e aprofundar a informação.

- Aprender a pesquisar é, sem dúvida, a habilidade mais importante que a produção de reportagens pode ajudar a desenvolver.

É neste ponto que devemos chamar a atenção para um grande problema encontrado nos lugares onde o acesso à internet é comum: a *baixa qualidade da pesquisa de informação*. É quase paradoxal constatar que grande parte dos alunos conectados à *web* (talvez a maioria) não se beneficia dela tanto quanto é esperado no processo educativo. A razão disso é simples e conhecida por todos os professores dos centros urbanos: a informação é *colhida*, mas não *lida*, isto é, raramente ela é avaliada com criticidade. De certa forma, parece que regredimos no tempo, para a época em que, havendo poucos letrados, tudo o que constava no papel passava por verdade inquestionável.

Como se não bastasse, as habilidades de pesquisa, tais como são apresentadas e muitas vezes avaliadas, resumem-se a encontrar um texto relatado e transferir o seu conteúdo para o computador, imprimindo-o, muitas vezes, "sem alterações". Podemos observar que são muitas as vezes em que se tenta quebrar o "monopólio do *copie e cole*" na escola.

Esse longo parêntese talvez coubesse mais a um livro voltado para os meios digitais. Entretanto, o radiojornalismo se nutre de informações, e a *web* é hoje em dia (até nas emissoras profissionais) uma fonte importante.

Aqui, o antídoto é um só: conferir as informações, o que se consegue consultando e comparando as várias fontes entre si. Trata-se de um processo comunicativo idêntico ao trabalho pedagógico: difícil, mas necessário.

> As reportagens têm um poder historicamente comprovado de derrubar governos ou de expor personalidades públicas. Um dos exemplos mais conhecidos da história mundial recente é o caso Watergate, que custou a presidência dos Estados Unidos a Richard Nixon, além de 15 anos de afastamento da vida pública. O pivô do caso foi a descoberta, por Bob Woodward e Carl Bernstein, dois repórteres do conceituado jornal *Washington Post*, da cumplicidade de Nixon num esquema de espionagem aos opositores de seu governo.

Comentários

O que define um comentário?

Assim como a entrevista apresenta uma opinião, atribuída a um indivíduo em particular (mas que pode representar a visão de um grupo), o comentário acrescenta, à matéria transmitida, o ponto de vista da emissora.

Aqui entra o conceito de *linha editorial*, isto é, um conjunto de princípios éticos e ideológicos mais ou menos claros que a emissora define em função do público específico ao qual ela se dirige.

É claro que, no mais das vezes, o responsável pelo editorial toma o cuidado de eximir-se de algum eventual excesso por parte do comentarista, assegurando que este exprime apenas suas próprias ideias e opiniões. É fácil deduzir, no entanto, que (em sã consciência) ninguém confiaria uma tarefa tão importante a um indivíduo que não se identificasse plenamente com a linha editorial predefinida.

Por isso mesmo, o leitor não deve acreditar que o comentarista é um ser que paira acima dos interesses das corporações que lhe abrigam, o que não impede, dentro de seus limitados poderes, de exercer o seu papel principal, que é o de ajudar a formar opiniões.

Idealmente, o comentário se presta não a inculcar pontos de vista já formatados no ouvinte, mas auxiliá-lo na tarefa de associar os fatos e deles extrair a sua verdade pessoal.

Dez dicas úteis sobre os comentários

1. Os comentários devem favorecer uma leitura crítica da informação.
2. Nesse sentido, a primeira tarefa é ajudar a esclarecer a notícia, falando de seus antecedentes e/ou implicações.
3. A segunda tarefa consiste em agregar fatos pertinentes à notícia aumentando a qualidade da informação.
4. Cuidado com opiniões pessoais: deixe claro para o ouvinte que está expondo um ponto de vista.
5. Não crie factoides: fale apenas o que puder afirmar com certeza.
6. Confira a pauta atentamente antes de tecer seus comentários; um improviso mal colocado pode atingir irremediavelmente sua credibilidade.
7. Não desmereça personalidades públicas nem se divirta à custa dos personagens da notícia. Fora do gênero humorístico, essa não é a função de um comentarista.
8. Não prolongue demais os comentários nem os supervalorize em relação à notícia. Afinal, esta última é a parte mais importante da matéria.
9. Cuidado para não cair em contradição: opiniões contraditórias ou revistas podem trair o comentarista diante dos ouvintes fiéis. Se achar que deve se retratar, faça-o abertamente.
10. Se achar que não há nada para ser comentado, que seja este o seu comentário.

O que pode ser trabalhado por meio de comentários?

- Os comentários, por mais pessoais que possam parecer, necessitam apegar-se fielmente aos fatos a que se referem. Qualquer distorção, incremento ou minimização de algo que será evidenciado (cedo ou tarde) compromete a credibilidade do comentarista.

- A ponderação, o equilíbrio, a ausência de pré-julgamentos – em suma, o respeito profundo pelos fatos e, principalmente, pelos personagens humanos neles envolvidos – emprestam ao comentarista uma dignidade e uma pertinência sem rival. Mais que isso: são qualidades imprescindíveis no universo do radiojornalismo.

- A própria oralidade radiofônica parece deixar um permanente espaço disponível, à espera de quem emita um parecer qualificado sobre os fatos narrados. Isso não se aplica apenas aos noticiários, afinal, produções artísticas, culturais e, com grande destaque, esportivas, não subsistiriam sem a colaboração dos comentaristas.

- No âmbito da escola, explicitar pontos de vista é um ato indispensável para promover a dialogicidade e garantir o exercício democrático da liberdade de expressão. Num nível pessoal, os alunos (e não só eles) que se dispõem a tecer comentários no rádio desenvolvem bastante a habilidade de expressão interpessoal. Com isso, o ecossistema educativo promove seus agentes e transforma os processos comunicativos em ações que podem influenciar, objetivamente e para melhor, o trabalho da escola.

- A escola, como sabemos, não é um lugar onde os jovens se preparam para exercer a democracia, mas sim o ambiente onde a democracia deve ser exercida desde a mais tenra juventude.

Talvez o evento mais marcante do século XXI, o atentado terrorista às torres gêmeas do World Trade Center em Nova York, resultou em milhares de mortes e pôs o jornalismo à prova. Na ocasião, ao ouvir o noticiário no rádio pôde-se acompanhar a mutação incessante dos fatos, antes do balanço final:

o noticiário dizia...	e o comentário...
1."Um avião chocou-se contra o WTC".	1."Um acidente parecido ocorreu décadas atrás, com o edifício Empire State".
2. "um outro avião acaba de chocar-se contra a torre Sul".	2. "Agora sabemos que não se trata de um acidente".
3. "A torre Norte acaba de desabar".	3. Com certeza, além do avião, havia uma bomba no subsolo do prédio."

Debates

O que define um debate?
Um debate nada mais é que a transmissão de uma notícia ou tema de interesse, analisada a partir das opiniões conflitantes representadas por um ou mais convidados.

Nesse caso, quem ouve um debate toma contato não com uma visão (como nas notícias) ou duas (como nas entrevista e comentários) dos fatos, mas com vários enfoques diferentes personificados pelos debatedores.

Aos poucos, o nosso panorama de produções radiofônicas vai se enriquecendo em número de interlocutores, o que aumenta exponencialmente sua qualidade.

Numa rádio profissional, existe o compromisso de escolher para um debate sempre a personalidade mais credenciada disponível, o que não chega a ser uma dificuldade para as nossas produções escolares, uma vez que o debate pode ser feito de maneira realista – na qual os participantes debatem com suas identidades cotidianas – ou na forma de um "debate-ficção", no qual os debatedores são personagens criadas previamente e representadas pelos membros do grupo.

De qualquer forma, a natureza às vezes "explosiva" do debate impõe aos educadores bastante habilidade para contornar situações de atrito real e a lucidez de saber que, muitas vezes, eles terão que ouvir posições radicalmente diferentes entre si.

Dez dicas úteis sobre debates no rádio
1. No rádio, os debates costumam ter de dois a cinco participantes, além do mediador. Para que o público não se confunda, é conveniente a presença de participantes de ambos os sexos.
2. Se o debate envolve apenas o mediador e o entrevistado, temos um *talk-show.*
3. A *mesa-redonda* é composta por um grupo de especialistas com opiniões divergentes que se manifestam com liberdade. O mediador intervém muito pouco.
4. Você pode organizar também um *colóquio,* isto é, um debate (ao vivo ou por telefone) com a participação direta do público e especialistas que respondem perguntas.

5. Se a participação do público é indireta, restrita a cartas ou *e-mail*, temos algo próximo de um *painel*. Se não há participação do ouvinte, temos um *simpósio*.
6. O mediador deve ser uma pessoa culta e bem preparada, que deverá conduzir o debate mantendo as perguntas e respostas dentro do tema debatido.
7. A função primordial do mediador é controlar o tempo total do debate, distribuindo-o em parcelas equivalentes a cada um dos participantes.
8. O mediador deve evitar assumir uma posição claramente contrária ou favorável aos participantes. Seu papel é o de moderador do debate, evitando descontroles: ele deve refrear os excessos verbais, mas também incentivar a manifestação dos debatedores menos falantes.
9. Os interlocutores devem saber de antemão o objetivo, o alcance e as limitações do debate. Todos devem saber o nome dos demais participantes.
10. É interessante, a título de encerramento, propiciar a todos os interlocutores uma "palavra final".

O que pode ser trabalhado por meio dos debates?

- Este talvez seja o mais instigante e envolvente formato radiofônico passível de ser trabalhado no projeto da radioescola.

- Observe-se que o debate já é uma forma mais inclusiva, pois um grupo inteiro pode participar diretamente da gravação.

- O protagonismo juvenil é incentivado quando se deixa que os jovens escolham os temas de seu próprio interesse.

- Igualmente, a autonomia pode ser estimulada delegando aos participantes a própria mediação do debate.

- Além dos critérios envolvidos na organização, a temática é, sem dúvida, o ponto de interesse desse formato. Temas atuais de interesse local (da comunidade escolar), regional (da cidade e estado), nacional (do país) e até global (do mundo) podem ser debatidos com a mesma relevância e pertinência.

- O debate também pode servir como um ponto de partida para o exercício da função de prestação de serviços, outra modalidade ligada ao jornalismo e que constitui uma das tarefas mais nobres dentre as assumidas tradicionalmente pelo rádio.

> Corria o ano eleitoral de 1985, e a discussão entre os candidatos à prefeitura da cidade de São Paulo seguia acalorada. Num debate televisivo, o então professor e sociólogo Fernando Henrique Cardoso (mais tarde eleito duas vezes presidente do Brasil), inquirido por um repórter, viu-se intimado a responder, com um "sim" ou um "não", se acreditava em Deus. Usou sua brilhante retórica, mas não convenceu na resposta. Resultado: Jânio Quadros ocupou a prefeitura paulistana de 1986 a 1989.

GÊNEROS CULTURAL E EDUCATIVO

Radiodramaturgia

O que define a radiodramaturgia?

O gênero ficcional no rádio é quase sinônimo de radiodramaturgia. Esta, por sua vez, encontra na radionovela sua expressão mais destacada, quase que um sinônimo.

A dramatização valoriza não só o texto, mas também a intenção dos atores-locutores. Se associamos a isso uma sonoplastia rica e uma trilha sonora bem escolhida, torna-se muito fácil conquistar a atenção do ouvinte.

Apesar de, por razões didáticas, usarmos muitas vezes neste livro o termo *radionovela* para substituir *radiodramaturgia*, é necessário reconhecer que, num sentido mais estrito, "novela" implica episódios em série (seriado).

Entre os formatos da radiodramaturgia, também contamos o radio-conto, que é a adaptação de uma história curta, e o radioteatro, que consiste na transposição radiofônica de textos teatrais, geralmente, clássicos.

Por outro lado, falando especificamente da radionovela, note-se que ela oferece a possibilidade de absorver um grande elenco numa única produção (coisa impensável no jornalismo noticioso), ainda que os atores tenham que gravar as cenas alternadamente.

A radiodramaturgia pode ser preciosa também por sua afinidade natural com a Literatura, constituindo-se numa excelente forma de apresentar os clássicos, indispensáveis à plena formação cultural das novas gerações. Não por acaso, circulam entre nós, ciclicamente, adaptações radiofonizadas de obras famosas, conhecidas como *audiobooks*.

O que pode ser trabalhado com a organização de uma radionovela?

- A radionovela, entre todos os formatos radiofônicos, talvez seja o que oferece mais recursos para se desenvolver habilidades comunicativas e expressar-se criativamente.
- Sem seguir os moldes mais ou menos rígidos do jornalismo ou as fórmulas consagradas da publicidade, a liberdade para a criação da história, dos personagens e também para a escolha dos recursos a serem empregados é sempre bem recebida pelos participantes.
- Talvez por esse motivo, as rádios comerciais, com sua "estética frenética" e foco direcionado à própria viabilidade comercial, reservem hoje muito pouco espaço para esse tipo de produção.
- Quanto às vantagens de trabalharmos com a radionovela na sala de aula, podemos enumerar:

  - versatilidade da produção, que pode ser tematizada sobre conteúdos de todas as disciplinas da grade curricular;

  - integração de todos os recursos da radiofonia, como música, sonoplastia, texto, interpretação e edição do áudio;

  - estilo normalmente coloquial de texto, que facilita a expressão escrita;

- ludicidade, que propicia uma maior desenvoltura dos participantes na expressão oral;

- proximidade direta com a Literatura, que é um componente obrigatório do currículo de línguas;

- similaridade com as formas midiáticas conhecidas da maioria dos jovens (novelas, filmes), o que facilita a interação num primeiro momento, apesar do risco de resvalar para o clichê;

- possibilidade de aproveitamento de elencos grandes, afinal, podemos "multiplicar" personagens, dividir papéis ou mesmo criar intervenções (um narrador, por exemplo) para envolver o maior número possível de participantes.

Dez dicas úteis sobre radiodramaturgia no rádio

1. Acredite: criar uma trama consistente é tarefa muito difícil. Não tenha medo de usar os clássicos da Literatura. No mais das vezes, é a eles que se remetem mesmo os roteiristas profissionais.

2. Não sobrecarregue o elenco: poucos radioatores conseguem fazer (bem) mais de um papel na mesma peça.

3. A literatura é uma arte que se apoia na força do texto e na riqueza dos diálogos. Transposta para o áudio, a ênfase se desloca para a caracterização dos personagens. Por isso, tanto os diálogos quanto o *storyline* devem ser claros e concisos.

4. A radiofonia não combina com histórias longas. Se necessário, quebre a peça em um ou mais capítulos ou segmentos.

5. No rádio, os <u>monólogos</u> também costumam "dar traço de audiência" (não ter público). Em toda a dramaturgia, o diálogo é imprescindível.

6. Seja cuidadoso com a escolha das trilhas e dos efeitos sonoros. A dramaturgia baseia-se num jogo que propõe ao espectador a imersão em uma outra realidade. Para tanto, exige-se qualidade de áudio, música condizente com a ação e criatividade.

7. O papel do narrador é controverso. Em geral, ele mais atrapalha do que ajuda. Portanto, é bom circunscrever a narração em três momentos básicos: a apresentação da peça, a transição entre os capítulos e o final. Isso é particularmente válido quando se re-

presenta uma fábula, isto é, um formato de narrativa que sempre incorpora a "moral da história".

8. Não descreva ações que estão ocorrendo. Se há a necessidade de explicar o que se ouve, é sinal de que o áudio não está dando conta da comunicação. Nesse caso temos uma concepção equivocada, uma realização falha ou ambas.

9. Conforme-se: há histórias que simplesmente não comportam uma transposição para o áudio. Nesses casos, o melhor é escolher outro texto.

10. Se houvesse a necessidade de se adaptar um texto, o que seria mais admissível sacrificar: a linguagem ou a intenção do autor? É bom deixar claro que, se o texto não for entendido (recepção da mensagem), a intenção do autor não se cumpre. Mude a linguagem!

Programação musical

O que define a programação musical?

A transmissão de música pré-gravada ou ao vivo foi um dos fatores responsáveis pela grande penetração cultural do rádio enquanto veículo de massa. Basta lembrar que o sucesso do casamento entre gravação e transmissão de áudio foi o evento que deflagrou a indústria das mídias tal qual a conhecemos e que acumula quase um século de evolução. Naquela longínqua década de 1920, o rádio iniciaria sua carreira civil logo após o término da Primeira Guerra Mundial, como vimos no capítulo "Por que o rádio na escola?".

Em pouco tempo, os espaços vazios da programação seriam preenchidos por música pré-gravada, executada a partir de "fonógrafos de Edison", substituídos por gramofones. Essa invenção europeia, ancestral das eletrolas, vitrolas e *pickups*, popularizou o disco de resina (*shelac* e, mais tarde, de vinil) como mídia padrão durante mais de meio século.

Esse breve apanhado histórico dá uma pálida ideia de como a música influenciou a linguagem radiofônica e a tecnologia do rádio. Tal influência se estende até os dias de hoje e, podemos dizer, com grande segurança, que a programação musical foi a grande responsável pela revalorização do rádio como mídia nos idos da década de 1970. Nessa época surge a FM, não apenas como uma possibilidade técnica de expandir o _dial_, mas como uma proposta radiofônica renovada por explorar o entretenimento como principal produto, e o jovem como público prioritário.

Podemos dizer sem grande exagero que a fórmula, por exemplo, da MTV, baseada em música, juventude e comportamento (ou "imagem de atitude", para sermos mais precisos), é o desdobramento de um processo de assimilação cultural deflagrado pelo rádio.

Hoje as emissoras encontram-se num estágio de alta segmentação, com estações específicas para esta e aquela "tribo" de espectadores, subdividindo, ainda, a grade de programação em subestilos dentro dos gêneros musicais que elas priorizam.

> No ano de 1937, o compositor Ary Barroso – autor de _Aquarela do Brasil_, o nosso "segundo hino nacional" – passou a comandar um programa chamado "Calouros em desfile" no rádio. Na passagem pelo programa e sob o risco de serem, literalmente, "gongados", alguns artistas talentosos da MPB alavancaram suas carreiras. Exemplos: Elza Soares, Lúcio Alves e um habilidoso sanfoneiro chamado Luiz Gonzaga. Consta que este último, bastante aplaudido, recebeu o sábio conselho de se livrar daquelas roupas de Lampião que não o levariam a lugar algum...

Dez dicas úteis sobre programação musical

1. Nos dias de hoje, todas as músicas gravadas têm, potencialmente, implicações autorais que devem ser consideradas.

2. O gênero musical caracteriza uma rádio: ele deve estar em sintonia com a expectativa dos ouvintes que são seu público preferencial. Caso contrário, ou a rádio não terá um perfil definido, ou desagradará seus ouvintes, quando não as duas coisas. Nesse caso a consequência natural é o esvaziamento da audiência.

3. A música veiculada deve ser tratada com respeito, evitando-se os cortes e interrupções abruptas quando se trata de uma audição integral (e não de uma mixagem).

4. As mídias – além do equipamento – também devem ser tratadas com cuidado especial: elas são o instrumento de trabalho do programador musical.
5. Além dos cuidados básicos de uso e manutenção, o arquivo de músicas do programador deve estar sempre bem organizado, mediante o emprego de uma catalogação criteriosa.
6. Saber pronunciar o nome correto das músicas programadas, bem como de seus respectivos autores, é obrigação de todo profissional da área.
7. As músicas programadas e, principalmente, as que são solicitadas pelos ouvintes devem ser tocadas na íntegra, precedidas por uma locução que menciona sucintamente quem fez o pedido e onde mora (cidade/bairro).
8. Nunca sobreponha sua fala a um vocal. Evite cantarolar junto com a gravação, por mais que goste da música e de sua própria voz.
9. É preciso saber alternar música e informação, de modo que o ouvinte perceba a programação como equilibradamente variada.
10. Sempre que possível, o programador musical ou produtor do programa deve abrir espaço para a execução de música ao vivo.

O que pode ser trabalhado com a programação musical?

- No capítulo anterior, mencionamos uma série de aspectos históricos, científicos, estéticos e técnicos que relacionam o rádio e a música.
- Além da sua importância cultural e histórica, o fato é que a música, por várias razões, exerce um papel marcante na vida das pessoas:
  - ao afirmar as identidades local e nacional;
  - ao ser uma alternativa popular de lazer e entretenimento;
  - ao ser uma atividade profissional que, direta ou indiretamente, movimenta um capital considerável.
- Pelo viés pedagógico, a música é considerada um poderoso recurso por facilitar a expressão emotiva do indivíduo de maneira lúdica, além de estimular a sensibilidade e a percepção do meio.

- Criar a própria programação musical e executá-la para um público ouvinte, mesmo que seja só dentro dos muros da escola, é uma atividade extremamente motivante para a maioria dos alunos. Ela exige que se desenvolvam habilidades para sistematizar o trabalho, dividir decisões e pesquisar material.
- Dentro desta proposta, pode-se dizer que todas as disciplinas do currículo e temas transversais (aglutinados pela *pluralidade cultural*) podem ser contemplados por uma programação musical temática.

GÊNERO PUBLICITÁRIO

Spots (anúncios comerciais)

O que define um spot de rádio?

O *reclame*, como era conhecido antigamente o comercial de rádio, representou uma das primeiras manifestações daquela recém-nascida mídia. Nos primórdios, ele era grandiloquente e argumentativo, tentando convencer o ouvinte pela apresentação "lógica" de fatos sobre o produto anunciado. A música utilizada nesses comerciais era, em geral, muito sofisticada, com arranjos bem cuidados e letras que buscavam a poesia.

Hoje tais peças podem nos soar incrivelmente ingênuas, mas, à época, os anunciantes confiavam na eficácia de tal formato. As pessoas, muito provavelmente, ouviam e apreciavam os comerciais, independentemente de cederem ou não aos apelos de compra.

Pela limitação de recursos inerente ao meio radiofônico, o comercial de rádio logo incorporaria elementos presentes na vinheta e no *jingle*, de modo que, mesmo na atualidade, existem vários graus de hibridismo entre esses formatos.

O moderno *spot* sofreu ainda uma forte influência da estética televisiva, para definir sua linguagem característica. No rádio, prevalecem hoje o humor e a abordagem criativa de situações para diferenciar os produtos anunciados.

Quanto à estratégia de veiculação, é frequente incluir *spots* radiofônicos em campanhas maiores que partem da televisão e invadem mídias impressas com anúncios em periódicos e *outdoors*.

Funciona assim: o comercial de TV abre a campanha com um áudio marcante, quase sempre musicado. Transporta-se então para o rádio a parte essencial dos diálogos, a trilha sonora, sonoplastia e a locução do anúncio, destacando o nome do produto. Mesmo sem as imagens, o ouvinte de rádio é induzido a se lembrar do comercial que viu na TV (às vezes só de passagem), e a presença do áudio reconstitui em sua mente a mensagem visual anterior, reforçando-a.

> Algumas experiências bem documentadas foram realizadas com a chamada *propaganda subliminar*. Esta consiste na inserção de anúncios de curtíssima duração (frações de segundo) em meio a sequências de filmes. Os resultados significativos de resposta ao estímulo sempre foram descritos como uma prova do poder manipulador da mídia na esfera do subconsciente. Em tese, o apelo emocional inerente à música e a presença de sons primais (voz materna, choros de bebê, sussurros sensuais) nos *spots* de rádio empregaria o mesmo princípio.Este é um tópico cuja pesquisa merece ser aprofundada!

Dez dicas úteis sobre *spots* no rádio

1. Os *spots* devem apresentar com clareza e objetividade o que está sendo anunciado.
2. O humor é um dos recursos mais poderosos para se anunciar qualquer artigo, mas, cuidado: resvalar para o ridículo nem sempre cabe.
3. Inventar produtos que não existem e anunciá-los é uma das prerrogativas possíveis dentro da proposta da radioescola.
4. Criatividade à parte, propaganda enganosa é crime. A regra do jogo é fazer o comercial sem "forçar a barra".
5. Por razões semelhantes, hoje é inadmissível explorar qualquer forma de preconceito étnico, sexista ou religioso.

6. Nas rádios comerciais, a voz do cliente é soberana. Afinal, ele é quem patrocina. E na escola, como deve ser? Se não há compromisso com o poder econômico, então todos podem ter voz e vez.

7. A duração dos comerciais no rádio não costuma ultrapassar trinta segundos, durando, às vezes, quinze segundos ou menos. Acredite: um minuto no ar parece demorar muito mais.

8. O uso competente da sonoplastia, a escolha da música certa e a locução convincente são os três elementos que sustentam um bom comercial.

9. Não podemos nos esquecer da propaganda institucional. Ela utiliza os mesmos recursos da propaganda comercial, mas não visa o comércio de produtos. Organizar campanhas de utilidade pública é um uso possível dessa modalidade.

10. Criar personagens engraçados e emplacar "bordões" são recursos consagrados da publicidade em todas as mídias.

O que pode ser trabalhado na sala de aula com os spots *de rádio?*

- No começo, surgiu a propaganda, com seu caráter nitidamente ideológico e técnicas persuasivas. Depois, a publicidade se apropriou de alguns desses princípios e o *marketing* se encarregou de sistematizá-los dentro de uma lógica de planejamento administrativo e comercial. Recompor essa trajetória pode ser um modo interessante para se desenvolver a consciência crítica, indispensável no exercício da cidadania na moderna sociedade globalizada.

- Além de permitir uma leitura crítica da mídia, o próprio ato de produzir os comerciais permite ao estudante entender os mecanismos por meio dos quais eles atuam. Assim, será possível constatar, principalmente, a distância que separa os modernos *spots* dos antigos reclames.

- Tais estratégias relacionam-se facilmente com as disciplinas de Geografia e História e com o tema transversal *"trabalho e consumo"*.

- Pode-se também constatar a escalada frenética da sociedade de consumo, criando necessidades imaginárias para vender soluções indispensáveis para supri-las.

- Embora hoje o padrão do rádio não exija mais os vocais elaborados e os ricos arranjos que fizeram a glória e a história do gênero, ainda é possível o uso da criatividade e da imaginação para integrar esta atividade às vivências musicais desenvolvidas na escola. Os gêneros derivados do comercial – vinhetas e *jingles* – permitem um aprofundamento desta vertente.

Vinhetas e *jingles*

O que define uma vinheta?

A palavra "vinheta", do francês *vignette*, designava, originalmente, um símbolo gráfico e também um ornamento arquitetônico.

Na linguagem do audiovisual, a vinheta pode ser entendida como uma criação sonora de duração curta e caráter marcante, que serve, antes de tudo, para identificar uma emissora ou atração radiotelevisiva. "Curta duração", no caso, equivale a alguns poucos segundos, que variam desde a duração de uma nota musical ou duas até introduções de músicas conhecidas, quase sempre de caráter exclusivamente instrumental.

A força da vinheta vem da sua repetição, e a economia de elementos, necessária por conta da duração exígua, trabalha no sentido de facilitar a memorização.

> Talvez o exemplo mais emblemático de vinheta seja o *"plim plim"* de uma famosa emissora de TV brasileira. Outro exemplo histórico para o Brasil é o *"tam tam tam"*, que prenunciava um certo *"tema da vitória"*, usado nas transmissões de Fórmula 1 para anunciar as vitórias de Ayrton Senna, ídolo do automobilismo

101

> brasileiro. Um grande número de exemplos poderia ilustrar a ideia de vinheta, mas é preciso entender que, nela, ao contrário do *spot* comercial e do *jingle*, prevalece o caráter demonstrativo sobre o explicativo.

O *que define os* jingles?

Um *spot* musicado seria uma definição bem simplista para o *jingle*. Na verdade, ele é mais que isso: está mais para uma peça musical em forma de comercial. Isso significa que ele deve ser concebido e avaliado a partir de parâmetros musicais, desde que respeitadas algumas de suas características peculiares:

- estrutura melódica clara e previsível para facilitar a memorização;

- apelo popular, que o condiciona, muitas vezes, a estilos musicais passageiros ("música da moda");

- predominância absoluta (no universo das produções comerciais) da instrumentação eletrônica sobre a acústica;

- letra poeticamente simples, para enfatizar a mensagem principal;

- uso de clichês e fórmulas estilísticas repetitivas que, longe de buscar a originalidade, procuram criar pelo reconhecimento instantâneo uma empatia imediata no ouvinte.

Mesmo com tantas limitações formais, o *jingle*, como a vinheta, pode ser um formato muito interessante para o trabalho pedagógico.

Dez dicas úteis sobre vinhetas ...	... e mais dez sobre *jingles*
1. A vinheta é curta e marcante. Evite "enfeitar o pavão".	1. O *jingle* é bem-humorado e dinâmico, utilizando muita vezes ritmos "dançantes".
2. Que tal prestar atenção às vinhetas de rádio? Procure-as pelo <u>dial</u>, grave as melhores e analise-as.	2. Os *jingles* já foram muito mais frequentes no rádio. Alguns deles estão registrados na internet.

3. Se você é músico, ótimo. Se não for, sem problema, pois a maioria dos DJs também não o é: saber ouvir a música é mais importante do que saber tocar.

(ESTA VALE PARA OS DOIS)

4. Use ruídos e efeitos: eles dão vida à criação.	4. Escutar e analisar *jingles* de várias épocas diferentes permite entender a evolução histórica não só da publicidade, mas da própria cultura.
5. Exercite a criatividade: crie várias alternativas para a mesma vinheta.	
6. Não tenha medo de usar sua voz: ela é única e, portanto, inimitável!	5. Que tal aprender Geografia ouvindo os *jingles* de outros países? Tente: www.jingles.com.
7. Crie vinhetas para a rádio, os programas e as produções avulsas. Continue exercitando a criatividade.	6. Em relação à vinheta, o *jingle* abre um novo horizonte de possibilidades: o texto poético das letras.
8. Na vinheta, o que importa não é o tamanho ou a complexidade do texto, mas a sua inflexão.	7. Se achar a tarefa de composição musical muito difícil, comece fazendo <u>paródias</u> de músicas conhecidas, de preferência canções folclóricas.
9. Lembre-se que, aqui, mais é menos. Utilize os elementos estritamente necessários para não saturar o ouvinte com informação sonora demais num tempo tão curto.	8. *Jingles* podem ser tema de festivais de música.
	9. Também podem ser usados como música para memorizar conteúdos.

10. Cuidado com a obra alheia! No caso de veiculação aberta (na internet, por exemplo), respeite sempre os direitos autorais.

(ESTA TAMBÉM VALE PARA OS DOIS)

O que pode ser trabalhado na sala de aula com as vinhetas e os jingles?

- As vinhetas são utilizadas como uma "assinatura sonora" para identificar programas ou emissoras. Os *jingles* são canções divertidas de fácil assimilação. Ambas as formas devem sintetizar todo um conjunto de características associadas àquilo que querem representar.

- Além de proporcionar uma compreensão "reversa" do que as vinhetas do rádio e televisão propõem – isto é, da forma como os formadores de opinião querem se fixar na mente do público –, compor uma vinheta demanda a elaboração de um *briefing*, que, no jargão publicitário, nada mais é que a descrição pormenorizada daquilo que é apresentado.

- Assim, supondo-se que substituíssemos os "artigos vendáveis" por conceitos que pretendemos estudar, contaríamos com um recurso lúdico e criativo para trabalhar em sala de aula.

GÊNERO DE ENTRETENIMENTO

Programas de variedades e *game shows*

O que define um programa radiofônico de variedades?

A "variedade" em questão está representada pelo grande intercâmbio de gêneros e estilos que podem ser incorporados a uma única atração. Embora a concepção original dessas produções buscasse a audiência ligeira e o apelo fácil do superficialismo e do descompromisso com a realidade, podemos inserir aqui a nossa abordagem inovadora.

Sempre é bom frisar que a nossa proposta continua sendo a apropriação da linguagem radiofônica pelos educadores para promover o que conceituamos como educomunicação.

Por conta dessa prerrogativa, podemos tranquilamente exercer uma liberdade "pedagógica" que utilize os formatos radiofônicos sem necessariamente incorporar os componentes ideológicos que a eles frequentemente se associam.

O programa de variedades é um bom exemplo dessa metodologia, na medida em que exploramos um formato consagrado não só no rádio, mas também, e principalmente, na televisão.

Poderíamos talvez traçar suas origens longínquas no *teatro de revista* – gênero teatral marcante até a primeira metade do século XX, com uma sucessão de quadros musicais, humorísticos e muita dança. Essa forma de diversão, que tem relações com o *vaudeville* francês (representação cênica cômica e musical de apelo popular, talvez o ancestral do moderno *teatro de besteirol)*, difundiu-se bastante a partir da Europa e parece representar a atualização de várias formas circenses, incluindo o teatro mambembe.

Na era eletrônica, essas formas não desapareceram, apenas se transformaram para se adaptar aos novos suportes, de acordo com as características de cada veículo.

O que define os game shows?

No caso do rádio, a música sempre esteve presente, possibilitando, usualmente, a participação de ouvintes que dedicam canções a seus amigos, por telefone ou carta. A narração de anedotas, a veiculação de notícias sobre a intimidade alheia ("fofocas") e os jogos tipo *quiz*, com premiações, foram inovações que se incorporaram rapidamente ao formato.

Desta vertente lúdica e competitiva, destacou-se do programa de variedades o que chamamos hoje de *game show*. Embora na origem ele se ativesse ao aspecto cultural da competição, a fase contemporânea do rádio, marcada pelo advento da FM, transformou essa brincadeira radiofônica numa atração bastante ágil dirigida para jovens.

De todos os formatos aqui apresentados, o *game show* talvez seja o mais recente. Isto, e o fato de estar associado a "pegadinhas" e outras manifestações subculturais difundidas pelas mídias, justifica, em parte, a visão negativa alimentada por alguns educadores a respeito dessas produções.

Pelas razões já apontadas, é fundamental considerarmos os aspectos dinâmicos, lúdicos e culturais presentes nesses "formatos populares" para que nos apropriemos deles, contextualizando-os no trabalho pedagógico da radioescola.

Dez dicas úteis sobre variedades e *game shows* no rádio

1. As "variedades" nada mais são que um conjunto de conteúdos musicais, dramatúrgicos, humorísticos, lúdicos e jornalísticos combinados numa embalagem leve e agradável.

2. Como tais formatos se identificam com o universo de interesses dos jovens, nada mais pertinente que incentivar o protagonismo juvenil delegando integralmente a produção e a direção dos programas aos próprios discentes.

3. O volume e o nível de profundidade das pesquisas para se conseguir montar um programa dessa natureza demanda um trabalho coletivo bem organizado e consistente. Essa é, portanto, uma boa oportunidade para desenvolver na equipe a mentalidade colaborativa.

4. Esses formatos favorecem o envolvimento de outros alunos ou professores da escola que, por falta de disponibilidade ou disposição, ainda não se agregaram ao projeto.

5. Em toda turma há os que se destacam pela desinibição e até pela necessidade de atenção. Tais indivíduos costumam tornar-se bons apresentadores.

6. Além dos naturalmente desinibidos, é possível envolver também os mais tímidos, desde que sua participação seja gradual, respeitando a personalidade de cada indivíduo.

7. Além do próprio rádio, a televisão muitas vezes cria quadros novos nesses formatos. Tais atrações – devidamente adaptadas – podem servir de inspiração para produções da radioescola.

8. Existe uma diferença básica entre *produção* e *programa*. Produção, além do ato de produzir, é um "produto gravado" que se cria para uma proposta específica e que pode, ou não, fazer parte de uma programação. Já o programa constitui-se num evento periódico que se mantém constante no formato e variável no conteúdo.

9. Normalmente a programação começa com um programa-piloto, o qual pode se tornar ou não uma atração fixa, dependendo de sua aceitação.
10. A manutenção de programas "no ar", independentemente de sua periodicidade, demanda o respeito aos prazos de produção e a consolidação de uma equipe de trabalho.

Como podemos trabalhar com variedades e *game shows* na escola?

- No tocante ao seu uso escolar, todos os gêneros de produção voltados para o entretenimento acabam dividindo a opinião dos educadores. Um dos motivos é o fato de nossa cultura escolar, muitas vezes, associar a aprendizagem com o "trabalho duro" e a diversão com o "fazer nada" – a famosa cultura do *no pain no gain* (numa tradução livre, "sem sofrimento, sem ganho").

- Tal postura deve ser revista quando lidamos com os instrumentos educomunicativos, porque, além da necessidade de dialogarmos com a cultura local, uma atitude mais flexível nos possibilita acesso a um dos elementos fundamentais do processo pedagógico: o interesse do educando.

- Particularmente no *game show*, verificamos um aspecto competitivo que é evitado por muitos professores. Nesse caso, contamos com duas opções:
  - transformar a competição entre pessoas ou grupos num "desafio aos próprios limites" (sem premiação);

  - transformar a competição num jogo colaborativo no qual os participantes ajudam uns aos outros a resolver os problemas (premiando a todos, ainda que simbolicamente).

Lembre-se: a escola não deve se fechar, mas discutir a mídia e o mundo.

O programa esportivo

O que define, no rádio, um programa esportivo?
Logicamente, o fato de abordar o esporte e temas que diretamente a ele se relacionem define esse formato. Porém, será que resultados de jogos e o dia a dia de atletas e técnicos esportivos são os únicos assuntos admissíveis nesse tipo de programa?

O jornalismo esportivo no rádio, ao lado da programação musical, pode ser considerado um dos estilos que mais evoluiu, incorporando elementos como o humor, a crônica política e até a prestação de serviços na área da saúde esportiva. Assim, o interesse de grande parcela da população é capitalizado como audiência (o que interessa, e muito, à publicidade) de informação variada.

O apelo da programação radiofônica esportiva tem muito a ver com o estilo das rádios AM, meio no qual a sua linguagem foi desenvolvida. Ela também se identifica muito com o futebol, que, como é fato largamente sabido, é de longe o mais popular dos esportes no Brasil.

Além dos campeonatos regionais e nacionais, a cada quatro anos esse interesse é redobrado pelos embates internacionais na Copa do Mundo. O destaque dado pela mídia a essas competições internacionais pode ser capitalizado para motivar trabalhos interessantes sobre o esporte na radioescola.

Dez dicas úteis sobre esportes no rádio

1. Atenção: o público esportivo costuma ser exigente quanto à exatidão de dados, como a escalação de seu time e o horário correto das partidas.

2. Durante anos, ouvimos críticas sobre a "monocultura esportiva brasileira", centralizada no futebol. Talvez seja a hora de fazer a nossa parte, dando igual destaque aos outros esportes individuais e coletivos.

3. É muito difícil não envolver questões éticas quando lidamos com esportes competitivos. Aproveite o mote para trabalhar com o tema transversal "Ética".

4. Esporte também está associado com a saúde e seus cuidados. Esta seria uma boa premissa para o uso do tema transversal correspondente.
5. Entrevistas, noticiários, debates (mesas-redondas), documentários humorísticos, programação musical, vinhetas e comerciais, enfim, será que há algum formato que **não** possa ser associado ao programa esportivo?
6. A locução esportiva, tradicionalmente, envolve muito mais o ouvinte do que a narração televisiva. Aí reside um segredo: enquanto a TV só pode mostrar a ação emocionante quando ela existe, o rádio pode tornar emocionante qualquer lance "morno", graças a sua narrativa oral.
7. O esporte exerce ainda um apelo muito grande junto aos mais jovens, incluindo praticamente todos os níveis, da educação infantil ao ensino universitário.
8. Os programas esportivos dão base temática para outras produções radiofônicas: vinhetas, comerciais e noticiários ligados ao esporte ganham, assim, novas e interessantes feições.
9. Aproveite as Olimpíadas, Copas do Mundo e Jogos Pan-americanos (entre outros eventos) para apresentar o mapa-múndi e estudar países sobre os quais pouco se fala por aqui.
10. Todo time tem seu hino oficial, escrito dentro dos parâmetros da norma culta do idioma e com um certo rigor poético. Em suma: um excelente ponto de partida para trabalharmos língua e música.

Como podemos trabalhar com programas esportivos na escola?

- Os conteúdos esportivos podem ser relacionados, facilmente, com os conteúdos de Geografia e História. Com um pouco mais de criatividade, podemos também trabalhar conceitos e habilidades da área de ciências (Saúde, Química, Física) e Matemática (Estatística e Geometria), além do já mencionado exemplo referente a línguas (vide dica nº 10 do quadro visto anteriormente).

- É claro que, pelo fato de existir na escola uma programação constante de atividades físicas esportivas, justifica-se de antemão a presença de cobertura jornalística no projeto da radioescola.
- Entretanto, podemos ir ainda mais longe: já pensou em pôr a rádio no pátio e exercitar a locução esportiva? Na prática, essa função requer habilidades preciosas, como grande agilidade mental e uma dicção perfeita. Seria bastante interessante:
  - selecionar gravações de locutores esportivos para estudar sua dinâmica e estilo;

  - tentar imitar essas características narrando conteúdos pertinentes a outras disciplinas, tais como eventos históricos ou enunciados de conceitos de Física e Química;

  - não se esqueça do xadrez: ele é um esporte, ainda que intelectual.

TRANSVERSALIDADE E RÁDIO

O quadro a seguir foi concebido como uma fonte de referências para educadores que desejem obter uma visão geral sobre o papel que os diferentes gêneros radiofônicos podem desempenhar no projeto político-pedagógico da escola.

Como acontece com outros instrumentos apresentados ao longo desta obra, podemos considerá-lo como um guia indicativo para, a qualquer momento, ser modificado e acrescido de colaborações.

O quadro se baseia na intersecção entre os temas transversais e as disciplinas da grade curricular. Nele, são inseridos os diferentes gêneros radiofônicos apresentados neste capítulo, de acordo com sua proximidade ou pertinência em relação aos temas/disciplinas interseccionados.

Um exemplo: os formatos "1" e "7" são indicados para um trabalho que relacione o tema transversal de saúde dentro da disciplina de Língua Portuguesa. No caso de os formatos atenderem a mais de uma demanda, eles são dispostos na divisa entre duas intersecções.

1. Notícias e comentários;
2. Entrevista;
3. Reportagens;
4. Debate;
5. Programação musical;
6. Radiodramaturgia;
7. *Spot*;
8. Vinheta/*jingle*;
9. Variedades/*game show*s;
10. Programa esportivo.

	Ética	Saúde	Meio Ambiente	Orientação Sexual	Pluralidade Cultural	Trabalho e Consumo
Língua Portuguesa	2-3 5	1 7	4 7	2-3 5	6 7 2-3 5	6
Língua Estrangeira		8 9	2-3	4		
Matemática	4		1	1	1 4 2-3	1
Ciências Naturais	2-3	1 6	1 2-3	4 1	5 5 9	5
Geografia	1 2-3	1	1 2-3	2-3	2-3	
História	1 2-3	2-3	2-3	2-3	5 5	2-3 7
Arte	5 7	5	8 5	2-3 6	5 9	5 7
Educação Física	2-3 10	4	4	2-3	9	10 2-3

Quadro-referência: transversalidade nos formatos de rádio.

Resumo

Este capítulo abordou:

A questão dos gêneros e estilos no rádio.
Uma possibilidade de classificação para ser empregada nesta obra, consistindo em: • Gênero jornalístico: notícias, entrevistas, reportagens, comentários e debates. • Gêneros cultural e educativo: radiodramaturgia e programação musical. • Gênero publicitário: *spot*, vinheta e *jingle*. • Gênero de entretenimento: programa de variedades, *game show* e programa esportivo.
Um detalhamento dos gêneros e formatos relacionados acima, destacando: • O que define o gênero em questão? • O que pode ser trabalhado com o gênero em questão? • Dicas úteis. • Curiosidades.
Transversalidade e rádio: quadro-referência sobre o emprego dos vários gêneros e formatos no contexto pedagógico escolar.
No próximo capítulo, faremos sugestões de atividades dentro do projeto da radioescola.

ATIVIDADES SUGERIDAS

Este capítulo se ocupa de fornecer aos educadores um repertório de atividades pertinentes aos projetos de radioescola e que foram, todos eles, com maiores ou menores alterações, testados em ambientes educativos.

É sempre bom frisar que as atividades aqui propostas não são fórmulas prontas e acabadas que devam ser utilizadas "à risca" pelos educadores, sem uma preocupação crítica relativa ao contexto no qual elas caberiam.

Por essa razão, consideramos (relativamente) fixos os itens iniciais das propostas ("o que é", "objetivo" e "importância"), que tratam de suas concepções e justificativas, ao passo que todos os outros ("indicação", "duração", "dinâmica" e "materiais") são passíveis de adaptação.

De qualquer forma, acreditamos que a maioria das atividades publicadas pode atender a alguma necessidade prática das instituições envolvidas.

Sugestões e críticas dos leitores serão sempre muito bem-vindas, podendo ser encaminhadas ao nosso contato.

Pré-requisitos

Esse é sempre um ponto nevrálgico quando se propõe uma obra com o intuito de assessorar educadores que atuem em vários níveis e modalidades educativas.

Para garantir um mínimo de viabilidade às propostas, partimos de alguns pressupostos:

- as escolas ou instituições educativas que adotem este livro como uma referência já fizeram uma opção objetiva pela inclusão da linguagem radiofônica em seu projeto político-pedagógico;

- tal escolha, consequentemente, implica uma previsão de recursos humanos, materiais e de tempo, que devem ser previstos no desenvolvimento do projeto da radioescola;

- a adequação das atividades às circunstâncias de trabalho inerentes a cada espaço educativo é prerrogativa dos educadores, tanto como em qualquer outro plano de ação pedagógica no qual a comunidade escolar acredite. Por isso, é muito relevante a necessidade de expor e discutir os conteúdos aqui tratados com todas as partes engajadas no projeto.

VISÃO DO CONJUNTO: O *CHECKLIST*

Todas as atividades desenvolvidas na radioescola devem ser planificadas com uma razoável antecedência. Um modo prático e eficaz de cumprir essa etapa é fazer uso da lista de conferência ou *checklist*.

Didaticamente, podemos pensar nesta lista como um roteiro de ações organizadas em ordem temporal:

FASES DO TRABALHO	AÇÕES

Antes	1) elaborar o projeto;
	2) redigir pauta (gêneros jornalísticos e publicitários) ou o roteiro (demais gêneros);
	3) dividir as tarefas (organograma);
	4) reservar os materiais e equipamentos:
	  a. testar tudo,
	  b. deixar num local acessível;
	5) definir metas do dia e cronograma;
	6) agendar sessão de gravação com:
	  a. uma data principal,
	  b. uma data alternativa;
	7) Consultar o *checklist*.

Durante	1) chegar ao local com antecedência para:
	  a. escolher o melhor ambiente,
	  b. testar o equipamento;
	2) repassar o roteiro ou pauta com os participantes;
	3) realizar um teste de gravação;
	4) monitorar a qualidade do áudio;
	5) controlar o tempo gasto;
	6) agradecer a participação.

Depois	1) resgatar os objetivos e metas; 2) organizar a avaliação coletiva e/ou individualizada; 3) agradecer a participação de todos; 4) registrar a produção (transcrever o áudio); 5) registrar a avaliação; 6) fazer o *backup* do áudio; 7) catalogar a produção para fins de acervo.

Checklist básico de produção.

CLASSIFICAÇÃO DAS ATIVIDADES

Por razões didáticas, decidimos dividir o bloco de atividades sugeridas em categorias. Como sempre acontece, classificações um tanto arbitrárias podem ser entendidas de forma diferente pelos leitores. O importante é que elas estejam articuladas em uma proposta mais abrangente.

Classificação utilizada nesta obra:

Sigla	Tipo de atividade	Descrição
AC	Atividade clássica	Dinâmicas tradicionais, geralmente adaptadas para a temática desta obra
DAS	Dinâmicas de apresentação e sensibilização	Dinâmicas criadas ou adaptadas especialmente para iniciar processos de trabalho
UC	Universo da comunicação	Atividades que se inserem num âmbito estendido, referente às questões da comunicação
PR	Projeto de rádio	Propostas contextualizadas dentro do trabalho de organização da radioescola

ESTRUTURA DAS ATIVIDADES

Todas as propostas de atividades apresentadas neste capítulo obedecem a um modelo fixo assim estruturado:

Item	Conteúdo
O QUE É?	Concepção geral da atividade
IMPORTÂNCIA	Justificativa da atividade
OBJETIVO	Demanda à qual ela pretende atender
INDICAÇÃO	Sugestão de situação pedagógica e público do trabalho
DURAÇÃO	Previsão aproximada de tempo despendido na ação
DINÂMICA PASSO A PASSO	Descrição pormenorizada da sequência de ações envolvidas
MATERIAL NECESSÁRIO	Recursos materiais envolvidos na execução das tarefas

ATIVIDADES CLÁSSICAS (AC)

AC 01. Telefone sem fio

O QUE É? – Uma dinâmica tão conhecida que praticamente dispensa apresentações.

IMPORTÂNCIA – Evidenciar os mecanismos e situações por meio dos quais a comunicação funciona (ou deixa de funcionar) é muito importante. Se isso puder ser realizado de uma maneira divertida, melhor ainda.

OBJETIVO – Demonstrar, de uma forma lúdica e dinâmica, a natureza do "ruído" nas relações comunicativas.

INDICAÇÃO – Preliminares de trabalho para todas as situações, locais e públicos.

DURAÇÃO – Pode variar de acordo com o tamanho do público, mas, de um modo geral, muito curta.

DINÂMICA PASSO A PASSO

1. Os participantes são posicionados em círculo e o mediador segreda a um deles uma frase passível de ser memorizada.
2. O ideal, para facilitar a memorização, é que ela não seja muito longa. Porém, se for muito óbvia, a dinâmica perde seu interesse.
3. Cada participante torna-se o elo de uma corrente, cuja tarefa é transmitir, com a maior exatidão possível, a mensagem secreta ao seu vizinho.
4. O último participante deve pronunciar a frase em alto e bom som para que todos os membros do grupo ouçam e comparem com o que haviam entendido individualmente.

MATERIAL NECESSÁRIO – Nenhum material específico é exigido nesta atividade.

AC 02. "O repolho" (adaptado)

O QUE É? – Mais uma dinâmica clássica adaptada para o universo das atividades radiofônicas. Também pode ser considerada uma dinâmica ligada ao desenvolvimento da expressão e percepção musical.

IMPORTÂNCIA – É bom frisar sempre a importância da expressão espontânea do grupo de participantes, isto é, que ela deve atender a uma necessidade comunicativa detectada. Ouvir os participantes estabelece um vínculo de compromisso por parte do grupo.

OBJETIVO – Trabalhar de forma lúdica e divertida com a expressão oral e com a expressão musical.

INDICAÇÃO – Preliminares de trabalho para todas as situações, locais e públicos.

DURAÇÃO – Pode variar de acordo com o tamanho do grupo, mas, de um modo geral, é muito rápida.

DINÂMICA PASSO A PASSO

1. Num primeiro momento, os participantes são instados a contribuir com uma lista de problemas ligados à comunicação na escola ou situações comunicativas para as quais seja preciso estabelecer condutas.

2. Exemplos de questões: (a) a disposição de carteiras na sala de aula favorece a comunicação? (b) De que maneira posso entender melhor as disciplinas que acho mais difícil? (c) Consigo me relacionar bem com todos os meus colegas de sala?

3. Conforme vão sendo formuladas, as questões são anotadas em folhas de papel que se enrolam umas sobre as outras, formando um tipo de bola: o "repolho". Quando este adquire uma dimensão considerável, começa o jogo.

4. Os participantes são dispostos em círculo e o repolho é passado de mão em mão.

5. Mediante um sinal precombinado, a circulação do repolho é interrompida e a pessoa que o tiver em mãos deve retirar a folha mais externa, ler a pergunta em voz alta e tentar respondê-la.

6. O mediador deve ajudar a responder as questões, e os outros participantes têm total liberdade para contribuir com suas opiniões.

7. O jogo termina quando o repolho for desmanchado e todas as questões respondidas.

MATERIAL NECESSÁRIO – Papel e caneta.

AC 03. Dança das cadeiras (com variação)

O QUE É? – Outra dinâmica clássica (difícil achar quem não a conheça), que pode ganhar um interesse maior com a variação proposta.

IMPORTÂNCIA – O bom humor é, de fato, um fator importante nas atividades comunicativas e, de modo geral, um recurso pouco explorado na educação. A condução cuidadosa do processo impede que ele degringole para um "jogo bruto".

OBJETIVO – Divertir, basicamente. A variação aqui proposta, no entanto, tenciona propiciar o desenvolvimento da acuidade auditiva.

INDICAÇÃO – Preliminares e/ou finalizações de trabalhos em grupo. Todas as faixas etárias e, em especial, na educação infantil e primeiras séries do ensino fundamental.

DURAÇÃO – Variável com o tamanho dos grupos. Pode ser repetida.

DINÂMICA PASSO A PASSO

1. Organiza-se um círculo ou elipse de cadeiras com os assentos virados para fora. O número de cadeiras deve ser equivalente ao número de participantes menos uma.

2. Com um fundo musical (recomenda-se uma canção), os participantes principiam a dançar ou andar com as mãos imóveis nas costas, à volta do círculo de cadeiras.

3. O mediador determina um momento específico em que os participantes devem procurar sentar-se na cadeira mais acessível. Isso geralmente é feito por meio da interrupção da música.

4. Como o número de cadeiras é insuficiente, haverá sempre um participante que sobrará em pé e que será retirado do jogo.

5. A variação aqui sugerida é que, em vez de simplesmente interromper a música, o mediador determine que a deixa para sentar é ouvir uma determinada palavra dentro da canção.

6. Isso obrigará o grupo a prestar uma atenção extrema ao conteúdo da música e não apenas à sua presença ou ausência.

7. Uma recomendação interessante é a de não deixar os eliminados fora da brincadeira, incitando-os a aplaudir e torcer pelos remanescentes.

MATERIAL NECESSÁRIO – Cadeiras em número suficiente, aparelho musical: CD *player*, toca-fitas, rádio ou até um instrumento.

AC 04. Telegrama (ou "sigla", ou "acrônimo")

O QUE É? – Uma atividade simples que estimula bastante a criatividade.

IMPORTÂNCIA – Os exercícios que estimulam, ao mesmo tempo, a expressão oral e a escrita são sempre recomendáveis. Mais ainda se tiverem um sentido lúdico e divertido.

OBJETIVO – Exercitar nos participantes a capacidade de redação e domínio de vocabulário.

INDICAÇÃO – Preliminares de trabalho em todas as situações para um público variado, com ênfase no ensino fundamental.

DURAÇÃO – Variável, de acordo com o tamanho do grupo. Pela indicação proposta, recomenda-se que a dinâmica não seja prolongada além do necessário, servindo apenas como aquecimento preparatório para um trabalho mais intenso.

DINÂMICA PASSO A PASSO

1. O mediador apresenta aos participantes uma palavra e propõe o desafio de criar uma frase utilizando cada uma de suas letras componentes como inicial.

2. A frase, obrigatoriamente, deverá ter um sentido totalmente lógico.
3. Por exemplo, a palavra "RADIOESCOLA" poderia se transformar em "Recursos Audíveis Divertem Inteligentes Ouvintes Envolvidos Seriamente Com Outras Linguagens Alternativas".
4. A palavra inicial pode ser sugerida pelo grupo por estimulação do mediador.
5. Os comentários sobre as siglas formadas pelos participantes também devem ser abertos a todos.

MATERIAL NECESSÁRIO – Nenhum material específico é exigido nesta atividade. Eventualmente, papel e caneta podem ser usados.

DINÂMICAS DE APRESENTAÇÃO E SENSIBILIZAÇÃO (DAS)

DAS 01. Entrevista e apresentação

O QUE É? – Um exercício preliminar que aproveita algo do formato da entrevista radiofônica (veja a seção "Gêneros jornalísticos") para iniciar as atividades de um grupo.

IMPORTÂNCIA – Além de aumentar a coesão do grupo de trabalho por meio do conhecimento mútuo entre os indivíduos, esta atividade já constitui, efetivamente, uma introdução à linguagem radiofônica pelo viés jornalístico.

OBJETIVO – Aumentar o conhecimento dos participantes entre si, trabalhar a desinibição dos indivíduos e aumentar a familiaridade com os gravadores de mão.

INDICAÇÃO – Últimas séries do ciclo II do ensino fundamental, ensino médio e educadores.

DURAÇÃO – Variável, de acordo com o tamanho dos grupos. Podemos estimar a duração total somando uma fase de explanação (10 minutos); enquete (15 minutos) e apresentação (3 minutos por entrevista). Assim, num grupo de vinte componentes, uma atividade bem conduzida se estenderia por cerca de uma hora e meia.

DINÂMICA PASSO A PASSO

1. Os participantes são divididos em duplas, nas quais um fará o papel de entrevistador e o outro, de entrevistado. É interessante que a dupla seja formada por pessoas que ainda não se conheçam.

2. Com o auxílio de um gravador de mão, o entrevistador submete o entrevistado a uma breve enquete sobre informações pessoais, tais como família, gostos, lugares que frequenta etc.

3. Após um tempo estipulado de cinco minutos, entrevistador e entrevistado trocam de papéis.

4. Findos os dez minutos iniciais previstos para as enquetes, as duplas farão, sucessivamente, a apresentação cruzada, ou seja, o entrevistador falará do entrevistado como se o estivesse apresentando num programa de rádio, a partir das informações colhidas.

MATERIAL NECESSÁRIO – Gravador de mão e fita K7. Alternativa: bloco de notas.

DAS 02. O meu comercial

O QUE É? – Esta é uma atividade lúdica que aproveita alguns dos princípios empregados pela área de propaganda e publicidade.

IMPORTÂNCIA – A desinibição é um dos fatores que aumentam o coeficiente comunicativo em um ambiente educacional. Já o conhecimento da mecânica do anúncio publicitário visa aprofundar a análise crítica na recepção das mídias.

OBJETIVO – Promover a desinibição dos participantes e também desconstruir o chamado "discurso publicitário", explicitando os mecanismos nos quais ele se apoia.

INDICAÇÃO – Introdução ao trabalho radiofônico no ensino médio e entre educadores.

DURAÇÃO – Variável, de acordo o número de participantes e a disponibilidade de gravadores.

DINÂMICA PASSO A PASSO

1. Os participantes são orientados a, individualmente, criar uma apresentação utilizando o que eles entendem como "estilo de propaganda". Eles deverão "se anunciar" destacando qualidades e características pelas quais seriam reconhecidos como bons radialistas. A apresentação deve incluir dados pessoais como nome, idade, onde mora e estuda etc.

2. Depois de escrever seu próprio *briefing* no papel, passamos à fase de gravação do comercial numa fita. Se houver condições, um fundo musical simples pode ser acrescentado para valorizar a locução.

3. O importante é liberar a criatividade e o bom humor para que as apresentações sejam feitas num clima bem descontraído.

4. O mediador deverá destacar os aspectos característicos do discurso publicitário, à medida que estes forem se evidenciando nas "propagandas pessoais". Entre eles, podemos mencionar o tom de voz, os ritmos da fala, a escolha das palavras no texto falado e a inclusão ou omissão de informações-chave com a intenção de provocar determinadas reações no ouvinte.

5. Também pode ser feito como uma "apresentação cruzada" em dupla, de forma que os participantes destaquem as qualidades um do outro.

MATERIAL NECESSÁRIO – Papel e caneta, gravadores de mão e respectivas fitas K7.

DAS 03. Deixa que eu me apresento... (vinheta)

O QUE É? – A apresentação inicial do grupo, em forma de vinheta radiofônica.

IMPORTÂNCIA – Todo o trabalho da radioescola depende da integração do grupo. Se esta puder ser contextualizada no universo da radiofonia, o interesse é redobrado.

OBJETIVO – Promover a apresentação dos participantes utilizando um formato-padrão de rádio.

INDICAÇÃO – Preliminares do trabalho. Todos os níveis, mais os educadores envolvidos.

DURAÇÃO – Variável, de acordo com o tamanho do grupo. O ideal é que as vinhetas sejam criadas de improviso, sem muito tempo de preparação, para provocar reações espontâneas no grupo de trabalho.

DINÂMICA PASSO A PASSO

1. Dispostos em roda, os participantes, que ainda não se conhecem de todo, iniciam a apresentação.

2. Esta consiste em dizer o próprio nome, mas não do jeito habitual, e sim como se fosse uma vinheta (veja a seção "Gêneros publicitários"). Exemplo: "Oi, aqui é o Marciel, transmitindo direto da Zona Leste de São Paulo em ondas musicais!".

3. Cada um dos integrantes do círculo procura compor a sua vinheta-apresentação de modo a refletir suas características pessoais, tais como o gosto musical e a "tribo" com a qual se identifica.

4. Ao final, o grupo pode tentar lembrar-se das vinhetas mais marcantes e criativas.

5. Se o mediador achar pertinente e o grupo concordar, toda a sessão pode ser gravada.

MATERIAL NECESSÁRIO – Nenhum material específico é exigido nesta atividade. No caso do registro em áudio, será necessário providenciar, de antemão, o gravador.

DAS 04. Anúncio

O QUE É? – Uma dinâmica inteligente e divertida que também poderia figurar entre as "clássicas".

IMPORTÂNCIA – Promover ludicamente a integração do grupo de trabalho num ambiente descontraído.

OBJETIVO – Despertar nos participantes a atenção para com seus companheiros de grupo.

INDICAÇÃO – Preliminares de trabalho em todas as situações para um público variado, com ênfase no ensino médio.

DURAÇÃO – Pode variar de acordo com o tamanho do grupo, sendo, de um modo geral, muito rápida. Não comporta repetição, pois uma vez descoberto o "segredo da brincadeira", perde-se o humor da surpresa.

DINÂMICA PASSO A PASSO

1. Os participantes são posicionados em círculo com o mediador ocupando um lugar na roda.

2. Então, o mediador começa o jogo anunciando com voz de locutor: "*Na loja x, você encontra uma oferta especial de calça jeans!*". Neste caso, ele está se referindo a uma peça de vestuário que ele, mediador, está usando (pode ser qualquer outra roupa ou adereço, como óculos, tênis etc.).

3. A seguir, ele orienta o participante do lado contrário a repetir o comercial mudando o artigo anunciado. Agora ele deverá anunciar um artigo que ele, participante, esteja usando. Caso ele não tenha entendido essa condição e anuncie algo que ele próprio não esteja portando, o mediador avisa que a loja não tem aquela oferta e passa ao indivíduo seguinte, sucessivamente, até completar a roda.

4. O interesse da brincadeira consiste em que o grupo perceba:

    a. que se está falando de uma característica visível de cada um dos participantes;

    b. que os menos atentos não conseguem acertar;

    c. que artigos novos serão anunciados à medida que os participantes forem se alternando.

MATERIAL NECESSÁRIO – Nenhum material específico é necessário.

DAS 05. De quem é essa voz?

O QUE É? – Uma dinâmica de familiarização com o equipamento básico de rádio e, ao mesmo tempo, uma sensibilização para a expressão oral de cada indivíduo.

IMPORTÂNCIA – A percepção auditiva (e, mais ainda, a *autopercepção*) talvez seja o aspecto *prioritário* – mas, quase nunca, o aspecto *priorizado* – do trabalho em projetos de radioescola.

OBJETIVO – Apresentar os participantes e permitir que estes compartilhem de impressões espontâneas sobre a sonoridade de suas próprias vozes no áudio registrado pelos gravadores.

INDICAÇÃO – Ensino fundamental e médio. Todos os ciclos.

DURAÇÃO – Estipulável em cerca de trinta segundos a um minuto por apresentação. Num grupo de vinte componentes, após a explanação da tarefa (5 minutos), estima-se um dispêndio de uma hora e meia, somando o tempo de gravação (15 minutos) e de audição comentada (no mínimo, uma hora).

DINÂMICA PASSO A PASSO

1. Os participantes são instados a fazer uma apresentação oral de si mesmos.

2. A apresentação consiste em declarar nome, idade, onde mora e estuda, o que gosta de fazer, quais as expectativas em relação à atividade ou qualquer outra informação pertinente ao projeto.

3. As apresentações são registradas com o auxílio do gravador de mão. É permitido improvisar temas musicais ou outras manifestações criativas, desde que circunscritas ao áudio.

4. Após o tempo estipulado, são feitas as apresentações individuais diante do grupo de participantes. O interesse da atividade consiste na identificação das vozes uns dos outros.

5. Não se deve dar pistas, de antemão, sobre a identidade dos locutores.

6. O mediador pode aproveitar para explanar sobre alguns princípios de uso do equipamento ou de técnicas que facilitem a expressão verbal "espontânea".

MATERIAL NECESSÁRIO – Gravador de mão e toca-fitas. Eventualmente, bloco de notas e caneta.

DAS 06. Assumindo o "seu" papel

O QUE É? – Uma dinâmica que combina a atividade de apresentação com áudio (*"De quem é essa voz?"*) com a de *"Entrevista e apresentação"*. O próprio título da atividade brinca com o duplo sentido do pronome possessivo "seu", que na língua portuguesa pode referir-se tanto a "você" quanto a "ele".

IMPORTÂNCIA – A percepção da alteridade é uma justificativa mais do que suficiente para cumprir o exercício. As habilidades de fazer e anotar perguntas e (no caso da opção pelo registro em áudio) operar um gravador também são, dessa forma, trabalhadas.

OBJETIVO – Apresentar os participantes entre si e permitir que estes exercitem sua capacidade de simular "personagens reais", colocando-se no lugar uns dos outros.

INDICAÇÃO – Ensino fundamental e médio. Todos os ciclos.

DURAÇÃO – Pensamos numa dinâmica que ocupe, no máximo, um período de duas horas/aula de 45 minutos, dependendo do número de participantes. O tempo total utilizado deve ficar em torno de uma hora e meia. A divisão do tempo sugerida é de: (a) fase de explicação = 5 a 10 minutos; (b) fase de realização das entrevista e "ensaio dos papéis" = 30 minutos e (c) fase de apresentação e comentário = cerca de 50 minutos.

DINÂMICA PASSO A PASSO

1. Os participantes são divididos em duplas.

2. Os componentes das duplas devem se entrevistar mutuamente para colherem informações básicas a respeito do que o outro faz e pensa: escola, família, preferências pessoais, história de vida e tudo o mais que contribua para o conhecimento mútuo.

3. Essa entrevista pode ser gravada em áudio ou anotada, mas o importante é que a etapa seguinte consistirá numa espécie de "laboratório dramático" no qual cada participante assumirá

temporariamente algumas das características que identificam seu parceiro e que lhe foram reveladas na entrevista.

4. Na fase final, as duplas irão se apresentar, não como fariam usualmente, mas, sim, confundindo suas características pessoais. A parte divertida consiste em se tentar descobrir quais as características trocadas entre os membros da dupla.

5. A atividade comporta um grande número de variações, como, por exemplo, ser organizada em trios, de forma que a identidade do apresentado não seja, de início, conhecida dos outros participantes.

MATERIAL NECESSÁRIO – Papel e caneta. Eventualmente, gravador de mão e toca-fitas.

UNIVERSO DA COMUNICAÇÃO (UC)

UC 01. A teia

O QUE É? – Essa atividade, muito conhecida, poderia perfeitamente ser classificada como "*Dinâmica clássica*". Entretanto, não podemos ignorar o fato de que ela tem um foco totalmente voltado para a questão comunicacional.

IMPORTÂNCIA – Dar-se conta de que todos somos elos de uma rede comunicativa é um passo importante para interagir educomunicativamente.

OBJETIVO – Permitir a expressão de ideia e opiniões dos participantes e demonstrar, metaforicamente, a forte ligação "em rede" entre todos os agentes do ecossistema comunicativo.

INDICAÇÃO – Preliminares e/ou finalizações de trabalhos em grupos. Todas as faixas etárias e, em especial, no ensino fundamental.

DURAÇÃO – Variável, de acordo com o número de participantes. Caso se trate de um grupo com cerca de vinte componentes, e o novelo se detiver em cada um durante um minuto, teremos uma dinâmica de vinte minutos aproximadamente. Na prática, o tempo despendido costuma ser muito maior.

DINÂMICA PASSO A PASSO

1. Organizam-se os participantes num círculo.

2. O mediador segura a ponta solta de um novelo de lã.

3. Após se apresentar ou expressar uma opinião, o mediador repassa a palavra e o novelo para o participante ao seu lado.

4. Este imitará seu exemplo, de modo que cada participante use a palavra durante um tempo determinado e, na sequência, passe o novelo para outro colega, de preferência do lado oposto da sala.

5. Todos devem ter o cuidado de manter o barbante seguro em um ponto antes de passar o novelo adiante.

6. Conforme o tempo passa e o novelo circula, um emaranhado de fios vai sendo tecido, no sentido do fluxo comunicativo.

7. Ao final, discute-se com os participantes o emaranhado criado como uma analogia (ou metáfora) da rede comunicativa que perpassa todos os seres humanos no interior de um ecossistema comunicativo.

MATERIAL NECESSÁRIO – Novelo de barbante com metragem suficiente para o espaço e número de envolvidos.

UC 02. O que é mais comunicativo?

O QUE É? – Uma proposta para tomada de consciência dos processos comunicativos que permeiam nosso cotidiano.

IMPORTÂNCIA – As relações entre os agentes do processo educomunicativo tendem a ganhar em qualidade quando se explicitam as atitudes exercitadas.

OBJETIVO – Mapear fluxos, gargalos e possíveis fontes de ruído que possam vir a prejudicar o funcionamento dos diversos ecossistemas comunicativos nos quais interagimos.

INDICAÇÃO – Ensino médio, preferencialmente.

DURAÇÃO – Trata-se de uma tarefa cuja duração é muito difícil de se prever. Por esse motivo, ela pode ser considerada flexível e adaptar-se à necessidade do momento de trabalho.

DINÂMICA PASSO A PASSO

1. O mediador expõe, num painel, diversas situações verificadas no contexto escolar, nas quais ocorrem *distúrbios de comunicação*.

2. Como exemplos podemos tomar: conversas paralelas durante as aulas; excesso de ruído no pátio durante os intervalos; conversas aos berros nos corredores; silêncios sepulcrais quando se pergunta em aula "Alguém tem alguma dúvida?".

3. Todas essas situações podem ser ponto de partida para uma análise dialética provocada pelo questionamento "O que é mais comunicativo, X, ou Y?", para o qual se oferecem uma ou mais alternativas de resposta.

4. Exemplo: "O que é mais comunicativo: falar ao mesmo tempo em que o professor ou colega, ou aguardar uma oportunidade para se manifestar?".

5. É importante que a resposta seja justificada, pois, eventualmente, é possível que o participante emita um juízo inesperado.

6. A resposta e sua justificativa são pretextos para a condução de um debate sobre os aspectos atitudinais relacionados com o ecossistema comunicativo da escola.

7. Uma variante dessa proposta é solicitar que o grupo participante faça uma lista de problemas e soluções referentes à maneira como os interlocutores se relacionam durante as atividades educativas.

MATERIAL NECESSÁRIO – Lousa e giz, ou papel *kraft* e canetão. Também, papel e caneta.

UC 03. Dramatização de música

O QUE É? – Uma atividade que envolve, ao mesmo tempo, expressão cênica, compreensão musical (e auditiva) e interpretação de texto.

IMPORTÂNCIA – A comunicação não pode ser entendida como um processo puramente intelectual. É importante propiciar, no processo educativo, o pleno uso do corpo e dos sentidos.

OBJETIVO – Promover a compreensão de textos poéticos (letras de música) e expressão comunicativa através do corpo.

INDICAÇÃO – Exercícios de abertura ou encerramento de encontros com grupos grandes. A dinâmica pode ser realizada com todas as faixas etárias.

DURAÇÃO – Cada grupo pode contar com um tempo de preparação de 15 a 20 minutos mais uma apresentação de 5 minutos. Considerando-se um número possível de 6 grupos e somando-se o tempo de escuta das músicas (20 minutos), teríamos a duração aproximada de uma hora e dez minutos.

DINÂMICA PASSO A PASSO

1. São apresentadas diversas canções ao grupo de participantes. A única característica comum entre elas é a de que sejam narrativas, isto é, que contem uma história.
2. O grupo é subdividido e as músicas são distribuídas entre os mesmos por escolha ou sorteio.
3. O mediador instrui os participantes a criarem uma *performance* baseada na narrativa das canções.
4. Ao final, as criações são apresentadas e avaliadas, mas sem considerações pejorativas e sem um viés de competição.

MATERIAL NECESSÁRIO – CD *player* com CDs musicais. Alternativas: toca-fitas ou música ao vivo.

UC 04. Imitando os sons do ambiente

O QUE É? – Uma atividade que envolve o conceito de "ecologia sonora".

IMPORTÂNCIA – O áudio, sendo o universo maior dentro do qual se insere a linguagem radiofônica, deve ser trabalhado tanto no plano conceitual quanto no sensorial.

OBJETIVO – Desenvolver a sensibilização auditiva e corporal dos participantes.

INDICAÇÃO – Dinâmica de relaxamento para encerrar encontros. Também pode ser aplicada no início de uma atividade, nas fases mais avançadas do trabalho. Público: alunos do ensino médio e educadores.

DURAÇÃO – de 10 a 15 minutos (fase inicial), 15 a 20 minutos (produção), 20 minutos (avaliação). O tempo total seria então de, aproximadamente, uma hora.

DINÂMICA PASSO A PASSO

1. O grupo de participantes é orientado a parar para ouvir os sons à sua volta: passos, buzinas, conversas, sons de tráfego, animais, sons de vento e chuva e tudo o mais.

2. Ao mesmo tempo em que se ouve, procura-se anotar minuciosamente as características de cada um desses sons, tais como <u>altura</u> (grave ou agudo), <u>intensidade</u> (forte ou fraco, crescente ou decrescente), <u>ataque</u> (brusco, gradual), <u>dinâmica</u> (rápido, lento), construindo uma precisa e clara lista de descrições.

3. Ao término desse período, é preciso que se tente, usando os recursos disponíveis (voz, objetos, instrumentos, o próprio corpo), reproduzir as características dos sons ouvidos a partir das descrições elaboradas.

4. Variação interessante: trocar as descrições sonoras entre os participantes e pedir que cada um represente o que foi descrito, para ver se o grupo identifica o som que gerou aquela descrição específica.

MATERIAL NECESSÁRIO – Papel e caneta.

UC 05. Siga as instruções

O QUE É? – uma dinâmica que explora a capacidade de verbalização descritiva. De certa forma, ela faz a ligação entre comunicação escrita e visual.

IMPORTÂNCIA – A capacidade de organizar o pensamento e expressá-lo por escrito é uma habilidade valorizada na educação, tanto quanto na radiofonia.

OBJETIVO – Desenvolver a capacidade dos participantes para escrever suas ideias com clareza.

INDICAÇÃO – Grupos já integrados e com uma razoável desenvoltura nos exercícios de redação, a partir do Ensino médio.

DURAÇÃO – Variável, de acordo com a complexidade no desenvolvimento da proposta. De modo geral, é um exercício rápido, não devendo chegar a uma hora.

DINÂMICA PASSO A PASSO

1. O mediador divide a sala em grupos e entrega a cada um deles um envelope contendo uma imagem e algumas instruções por escrito.

2. Ele pede para que o conteúdo do envelope não seja exibido aos outros grupos.

3. A imagem é a figura utilizada de algum objeto ligado à radiofonia, tal qual o aparelho de rádio que ilustra esta seção.

4. As instruções vão no sentido de descrevê-lo pormenorizadamente e com precisão, de tal sorte que a descrição, apresentada aos outros grupos, resulte na reconstituição – tão fiel quanto possível – da imagem que lhe serviu de base.

5. Assim, no nosso exemplo, podemos pensar da seguinte forma:

    a) um retângulo escuro com altura equivalente à metade de sua largura;

    b) ele está apoiado numa base cuja forma é a de uma faixa estreita, de comprimento um pouco menor que o do próprio retângulo;

    c) na metade superior do retângulo, insere-se uma faixa clara com o mesmo comprimento da base sobre a qual ele se apoia;

    d) essa faixa clara é graduada na parte de baixo com pequenas marcas regulares verticais que lembram uma régua virada de cabeça para baixo;

    e) uma pequena haste vertical, mais escura, atravessa essa "régua";

f) no lado inferior esquerdo do retângulo, entre a faixa mais clara e a base, existe uma circunferência, não muito grande;

g) do lado oposto ao da circunferência (direito), existem quatro riscas paralelas horizontais – duas delas, do lado de dentro, são um pouco mais compridas;

h) em cima do retângulo e com altura quase igual à dele, projeta-se, na sua parte superior direita, uma haste vertical terminada numa "bolinha" da qual projetam-se alguns raios e que lembra um minúsculo sol.

6. Uma vez desenhada, o que essa figura estilizada representa?

7. Avalia-se ao final tanto a descrição quanto o entendimento das descrições.

MATERIAL NECESSÁRIO – Envelopes com figuras impressas, papel e caneta. Eventualmente, painel de cartolina ou *kraft* e canetão, para tornar a visualização dos desenhos mais acessível a todos os grupos.

As atividades desenvolvidas até aqui atendem a demandas comuns em um grande número de escolas, podendo ser adaptadas ou utilizadas até em situações que não se relacionem diretamente com o projeto da radioescola. A próxima sequência de atividades foi planejada especialmente como alternativas para motivar o grupo de trabalho já constituído e impedir que a rotina de operação da radioescola deixe de oferecer novos desafios.

PROJETO DE RÁDIO (PR)

PR 1. Rádio sucata

O QUE É? – Atividade baseada em construção de maquetes que envolve o projeto de radioescola na questão da reciclagem.

IMPORTÂNCIA – A montagem da radioescola depende de uma série de fatores logísticos e técnicos relacionados com a compra de equipamento e a capacitação dos envolvidos. Podemos, no entanto, iniciar o projeto antes mesmo de reunir tais condições, por meio de um processo de sensibilização dirigido principalmente às séries iniciais com propostas semelhantes a esta.

OBJETIVO – Abordar transdisciplinarmente questões atuais e importantes dentro do projeto político-pedagógico (PPP) da escola. Demonstrar as partes principais de um sistema de rádio simulando-as por meio de construções em sucata.

INDICAÇÃO – Sensibilização prévia para iniciar o projeto da radioescola, nas primeiras séries do ensino fundamental.

DURAÇÃO – Pode ser entendido como uma atividade específica de longa duração (um período inteiro) ou como um ciclo de atividades semanais com três ou quatro encontros. Pode chegar a oito horas.

DINÂMICA PASSO A PASSO

1. Essa é uma proposta de uso mínimo de recursos. Então, para iniciá-la, não é preciso que o estúdio de rádio já esteja montado na escola.

2. Previamente, o mediador se assegura de poder contar com uma quantidade considerável de materiais recicláveis. Uma boa relação inclui: embalagens PET, partes de brinquedos, canudos de refresco, tampinhas de pasta de dente, recipientes de várias formas e tamanhos e papel, bobinas de carretel, cones e caixas de papelão.

3. Utilizando imagens de aparelhos do estúdio de uma rádio como modelo, o mediador coordena a construção de maquetes do equipamento.

4. No decorrer do trabalho, ele explica a função e as especificidades de cada um dos aparelhos, incentivando a observação e o questionamento por parte dos estudantes.

5. O resultado deve ser tão elaborado quanto possível, revelando pesquisa, fidelidade aos modelos originais e empenho na confecção.

MATERIAL NECESSÁRIO – Sucata de plástico e papelão; algumas ferramentas e utensílios, tais como tesoura, cola, lixas, furadores etc.

PR 02. Pauta de uma letra só

O QUE É? – Um exercício de redação formatado para a radiofonia.

IMPORTÂNCIA – Há uma relação evidente desta dinâmica com as disciplinas e conteúdos que enfocam a escrita, tais como o estudo de línguas, gramática e correlatos. A criação de novas regras gramaticais introduz um elemento desafiador a mais na redação, obrigando os participantes a apurarem sua percepção crítica de forma (ortografia e sintaxe) e conteúdo (significado e sentido do texto) na escrita.

OBJETIVO – A ideia é desenvolver a redação da pauta radiofônica seguindo o encadeamento das habilidades:

organização de ideias ⟶ produção de texto ⟶ capacidade de revisá-lo.

INDICAÇÃO – Séries finais do ensino fundamental e ensino médio.

DURAÇÃO – O tempo deve ser distribuído em fases de proposição da tarefa (5 minutos), redação das pautas (20 minutos) e leitura dos textos produzidos (3 minutos por pauta, para leitura e comentário). Assim, num grupo de vinte participantes, gastaríamos quase uma hora e meia.

DINÂMICA PASSO A PASSO

1. O mediador expõe a seguinte proposta: "Vamos redigir uma pauta de uma manchete de radiojornal, com mais ou menos duas linhas (trata-se de uma sugestão, podemos aumentar ou diminuir o tamanho do texto), iniciando todas as palavras com a letra...".

2. Os participantes contam com um tempo razoável para produzir o texto, mas não podem burlar a única regra do jogo, nem abrir mão do sentido nas frases criadas.

3. Um exemplo: "**Presidente passa por Petrolina, Pernambuco, para prestigiar político petista. Por precaução, pediu-se proteção policial para populares presentes.**"

4. Depois do tempo estipulado, as pautas são lidas e comentadas pelo grupo.

5. Uma variação possível é propor a mesma tarefa com a exclusão de alguma vogal ou consoante.

MATERIAL NECESSÁRIO – Papel e caneta.

PR 03. Rádio virtual

O QUE É? – Atividade de expressão corporal e temática radiofônica baseada em mímica.

IMPORTÂNCIA – Como já foi dito, consideramos que a expressão individual no processo educativo não pode se restringir a uma única dimensão, sob pena de um desenvolvimento parcial ou desequilibrado das habilidades. Oralidade, escrita e gesto devem caminhar conjuntamente.

OBJETIVO – Apresentar a dimensão corporal das ações desenvolvidas num espaço radiofônico e incluir esse aspecto entre os recursos interdisciplinares disponíveis no projeto.

INDICAÇÃO – Ensino Fundamental e Médio. Fases iniciais do projeto de radioescola.

DURAÇÃO – Tanto quanto se queira atribuir-lhe. Para incluir um tempo de avaliação – sempre bem-vindo –, é recomendável que o tempo total da atividade não ultrapasse uma hora.

DINÂMICA PASSO A PASSO

1. O mediador reúne o grupo e descreve o espaço físico de trabalho de uma rádio "real". Ele diz: "Aqui fica a cabine de controle, onde o técnico de áudio opera a mesa de som; ali fica o aquário de gravação, onde fica o locutor…".
2. É interessante contar com fotos e esquemas "de verdade" para que os participantes tenham uma visão objetiva do espaço em questão.
3. Na sequência, os papéis são distribuídos aos participantes e cada um assume, com o máximo de realismo possível, sua função.
4. O interesse da atividade está no nível de concentração exigido para interagir em espaços imaginários e operar um equipamento "virtual".
5. Ao final da tarefa (pode ser uma entrevista, uma reportagem, execução de músicas ou tudo isso junto), é bom promover uma rodada de avaliação, na qual todos contam o que sentiram e acharam da proposta.

MATERIAL NECESSÁRIO – Além do espaço apropriado, as cadeiras são os únicos objetos "reais" necessários à dinâmica.

PR 04. Ordenando o sistema de som

O QUE É? – Um exercício de reconhecimento do equipamento utilizado em sistemas de áudio/rádio.

IMPORTÂNCIA – A desmistificação da tecnologia, bem como sua contextualização no universo

doméstico e escolar, podem ser muito interessantes. Assim, podemos inclusive evitar acidentes (e prejuízos pessoais e materiais) causados pelo uso inadequado do equipamento. Também é interessante que todos os membros da comunidade escolar envolvidos no projeto radiofônico compartilhem do mesmo conhecimento para configurar e operar o equipamento de áudio da radioescola.

OBJETIVO – Aqui, já em um ambiente de familiaridade com equipamentos de som, buscamos esclarecer as dúvidas e reforçar conceitos ligados à produção técnica da radiofonia.

INDICAÇÃO – Segundo ciclo do ensino fundamental e ensino médio.

DURAÇÃO – Trata-se de uma tarefa de curta duração, mas que pode ser prolongada, já que os sistemas de som podem ser reconfigurados de maneiras diversas pela adição ou subtração de seus elementos componentes.

DINÂMICA PASSO A PASSO

1. O mediador expõe, num painel, vários cartões representando equipamentos utilizados num sistema de áudio: microfone, mesa de som, gravador, CD *player*, amplificador, transmissor e monitores (fones de ouvido/caixas acústicas) constituem a configuração básica.

2. A estes poderiam ser agregados também <u>equalizador, *rack* de efeitos</u>, cabos diversos, enfim: acessórios destinados a aumentar a sofisticação do sistema como um todo.

3. Um tempo de execução é proposto e, ao final, comparam-se as soluções apresentadas pelos participantes.

4. A tarefa pode ser realizada individualmente, com turmas pequenas, ou em grupos, com turmas grandes.

MATERIAL NECESSÁRIO – Papel *kraft*, cartões, canetão. Se possível, traga fotos impressas de equipamento ou cópias plastificadas.

PR 05. Recompondo paisagens sonoras

O QUE É? – Atividade de desenvolvimento auditivo e prática de sonoplastia.

IMPORTÂNCIA – Dar prosseguimento ao trabalho já iniciado no sentido de compreender sonoramente o mundo à nossa volta.

OBJETIVO – Tomar consciência dos sons ambientes e aprender a reconstituí-los.

INDICAÇÃO – Etapas intermediárias a avançadas da radioescola. Preferencialmente para os alunos do ensino médio e últimas séries do ensino fundamental.

DURAÇÃO – de acordo com os participantes. Podemos prever de 15 a 20 minutos para audição do exemplo, mais 10 a 15 para preparação e cerca de meia hora para apresentação final, totalizando pouco mais de uma hora.

DINÂMICA PASSO A PASSO

1. O mediador deverá tocar para o grupo sons ambientes de várias procedências: sons de praia, fábricas com maquinário funcionando, estádio de futebol etc.
2. Os participantes deverão ouvir atentamente o áudio, anotando todos os sons que conseguirem discernir.
3. Com base nas anotações, os participantes, em grupos, vão tentar reconstituir as "paisagens sonoras" usando suas vozes ou outros recursos de que disponham.
4. O resultado das apresentações pode ser gravado para comparação com o áudio original e avaliação do trabalho.

5. Nos grupos mais avançados, trazer os exemplos de sons ambientes pode fazer parte da tarefa.

MATERIAL NECESSÁRIO – Toca-fitas (radiogravador) com caixas acústicas, papel e caneta. Eventualmente, gravadores de mão.

PR 06. Representando sons no papel

O QUE É? – Exercício de escuta e escrita sonora.

IMPORTÂNCIA – Avançar na compreensão sonora do ambiente. A capacidade de compreender a natureza abstrata do som também é um motivo importante.

OBJETIVO – Desenvolver a percepção auditiva e compreender os mecanismos de representação gráfica do som, além do princípio de roteirização.

INDICAÇÃO – Preferencialmente para os alunos do Ensino médio nas etapas intermediária e avançada da radioescola.

DURAÇÃO – Trata-se de uma dinâmica de curta duração, ocupando em torno de 40 minutos (mais ou menos uma hora-aula). Pode ser observado um esquema de 10 minutos para a proposição da tarefa, 15 para seu cumprimento e 20 para a avaliação.

DINÂMICA PASSO A PASSO

1. O mediador organiza o grupo de forma que todos possam escutar com clareza o som emitido de um toca-fitas ou toca-CDs.

2. A seguir, ele descreve a tarefa proposta, que é a de registrar, em uma folha de papel, a sequência de sons que será apresentada com o auxílio do aparelho de som.

3. As "regras" para a grafia ficam a cargo dos próprios participantes, que, individualmente, escolherão o seu próprio modo de representar:

    a. a distribuição dos sons no tempo;

    b. a duração de cada um desses sons;

c. o <u>timbre</u> sonoro (origem do som: voz, instrumento etc.);

d. a <u>altura</u>, isto é, a relação grave/agudo;

e. a <u>intensidade</u>, isto é, a relação fraco/forte;

f. qualquer outro parâmetro que a audição possa considerar.

4. Os sons devem ser previamente selecionados pelo mediador a partir de material sonoro variado: ruídos de animais, máquinas, pessoas, músicas de diferentes estilos e andamentos, ambiências, enfim, um amplo panorama do mundo sonoro que nos cerca.

5. Os sons devem ser apresentados na forma de trechos curtos, bem contrastantes entre si e separados por uma pausa não muito longa.

6. Ao final, o mediador orienta a avaliação, comparando as soluções encontradas pelos participantes.

MATERIAL NECESSÁRIO – Aparelho de som, papel e caneta.

PR 07. Um debate "manipulado"

O QUE É? – Uma atividade que combina o formato radiojornalístico do debate com a manipulação de bonecos.

IMPORTÂNCIA – A combinação de formatos radiofônicos com outras linguagens (no caso, a do teatro) propicia interações que podem ser exploradas transdisciplinarmente no contexto educativo escolar.

OBJETIVO – Exercitar a prática de argumentação e contraposição de ideias de maneira lúdica e criativa.

INDICAÇÃO – Ensino Fundamental, principalmente nas primeiras séries, idealmente na fase inicial de implantação da radioescola.

DURAÇÃO – É uma atividade de longa duração, pois, além da criação, projeto e roteiro geral do debate, exige-se algum ensaio antes da apresentação.

DINÂMICA PASSO A PASSO

1. O mediador organiza um debate radiofônico. O tema pode ser definido em conjunto, de preferência algo que desperte polêmica.

2. Para marcar os diferentes lados que debaterão a questão, os participantes criarão personagens devidamente caracterizados: aquele que é contra, outro que é a favor, um conciliador, o moderador do debate etc.

3. Detalhe: todos esses personagens serão representados por bonecos manipuláveis, que podem ser: 1) fantoches de mão; 2) marionetes; 3) fantoches de dedo; 4) bonecos de qualquer tipo, inclusive aqueles confeccionados com sucata.

4. O debate deve ser conduzido seguindo o procedimento padrão (veja capítulo "As produções de rádio"):

   a. o mediador anuncia o tema, apresenta os participantes e consulta a opinião do primeiro debatedor;

   b. logo depois que este se expressa, é a vez do seu antagonista;

   c. na sequência, os debatedores se alternam para comentar o tema, sempre defendendo com argumentos o próprio ponto de vista;

   d. o moderador intervém quando necessário, controla o tempo de cada fala e réplicas e, ao final, realiza o fechamento.

MATERIAL NECESSÁRIO – Bonecos, tais como fantoches e marionetes. Seria interessante poder contar com um teatrinho de caixote, que pode muito bem ser improvisado.

PR 08. Criando paródias musicais

O QUE É? – Proposta de uso da música como recurso comunicativo.

IMPORTÂNCIA – A música ocupa uma posição privilegiada na programação radiofônica, mais do que em qualquer outra mídia irradiada. Além do desenvolvimento de habilidades envolvidas no trabalho musical propriamente dito, destaca-se a percepção da sintaxe musical (baseada na tríade ritmo/melodia/harmonia) e da relação música-texto (letra) que podem ampliar bastante o coeficiente comunicativo dos envolvidos.

OBJETIVO – Introduzir o trabalho com música no projeto radiofônico, com vistas à preparação para outras atividades, nas fases mais avançadas, tais como montagem de programações musicais.

INDICAÇÃO – Todos os grupos de trabalho, adequando o repertório e o grau de exigência a cada nível específico.

DURAÇÃO – Trata-se, aqui, mais propriamente de uma proposta para ciclo de atividades, mas que pode ser desenvolvida, de maneira sucinta, em um número reduzido de sessões de trabalho. Aqui sugerimos três encontros.

DINÂMICA PASSO A PASSO

1. Os participantes são orientados pelo mediador a organizar um programa musical temático.

2. O tema específico pode ser ligado a algum aspecto particular do PPP que esteja sendo enfatizado na escola.

3. A tarefa dos participantes, divididos em grupos, é criar novas letras (baseadas no tema em destaque) para músicas conhecidas. Essas paródias farão parte do "programa musical especial".

4. O roteiro do programa musical de rádio deve anunciar que se trata de um "Especial do tema ..." e que todas as músicas selecionadas com ele se relacionam.

5. O mediador pode auxiliar o trabalho dos grupos providenciando gravações de bases musicais pré-gravadas (*playbacks*) das músicas parodiadas. O ideal seria que um ou mais participantes tocassem algum instrumento musical, de modo a acompanhar a *performance* dos cantores improvisados. Na falta desses diletantes desejáveis, o jeito é criar coragem e cantar *a capella*.

6. O programa todo deve ser gravado para registro do projeto (e posteriormente, lembranças divertidas).

MATERIAL NECESSÁRIO – equipamento de som, microfone e gravador. Esclareça-se: a falta do material não inviabiliza a atividade.

PR 09. TV sem imagem

O QUE É? – Essa atividade alude à observação de que o rádio seria uma "TV sem imagens", o que equivale a dizer que se trata de um veículo definido não pelo seu potencial, mas por sua limitação.

IMPORTÂNCIA – compreendermos a radiofonia em sua essência é condição para aproveitar todo o seu potencial enquanto recurso pedagógico.

OBJETIVOS – ilustrar as características peculiares das mídias televisiva e radiofônica, destacando suas diferenças e semelhanças.

INDICAÇÃO – Segundo ciclo do ensino fundamental, para atividades de oficina de radioescola nos estágios iniciante e intermediário.

DURAÇÃO – Explanação = 15 minutos; gravações = 30 minutos; apresentações = 20 minutos; debate e avaliação = 40 minutos. Total = uma hora e 45 minutos.

DINÂMICA PASSO A PASSO – (VARIAÇÃO I)

1. O mediador elabora com os participantes o roteiro de uma produção, que pode ser jornalística (exemplo: uma reportagem), publicitária (exemplo: um *spot*) ou cultural/artística (radionovela etc.).

2. Esse roteiro é desenvolvido na forma de um programa de televisão e filmado. Atenção: a câmera pode até ser "fictícia", mas o áudio deve ser efetivamente gravado.

3. O mesmo roteiro é novamente gravado, agora no formato radiofônico – logo, sem a preocupação de captar as imagens.

4. Os registros em áudio são comparados e as diferenças – e também as semelhanças – apontadas.

5. O mediador orienta uma problematização junto ao grupo, destacando as seguintes questões:

   a. quais as diferenças notáveis na locução entre os dois formatos?

   b. quais as principais diferenças, visíveis desde o roteiro, entre os formatos radiofônico e televisivo?

   c. usando-se apenas a audição, é possível entender todas as ações que acontecem no primeiro registro do áudio ("filmado")? E o segundo (radiofonia)?

   d. quais foram as diferenças do roteiro entre uma e outra versão?

   e. em que, exatamente, podemos diferenciar o áudio das duas versões no que se refere aos ruídos?

   f. O rádio pode ser considerado uma TV sem imagens? Por quê?

(VARIAÇÃO II)

1. O mediador providencia uma fita ou DVD de documentário televisivo.

2. O documentário é "exibido", se é que se pode assim dizer, com a TV sem as imagens (só o áudio).

3. Os participantes apontam os momentos nos quais sentiram dificuldade em compreender o que estava sendo narrado pela falta de imagens.

4. A problematização pode se apoiar nas questões "a", "e" e "f" da variação I.

MATERIAL NECESSÁRIO – Gravador de áudio, TV e vídeo.

PR 10. Rádio com imagem

O QUE É? – Atividade concebida para trabalhar o poder do rádio como estimulador da criatividade imaginativa. De certa forma, esta pode ser considerada uma preparação ou um complemento da atividade anterior.

IMPORTÂNCIA – O rádio, apesar de não ser uma mídia visual, tem a capacidade de formar imagens. Essa característica, que ajuda a explicar seu sucesso, pode ser explorada como um recurso pedagógico.

OBJETIVOS – Demonstrar que, em grande parte, a produção de mídia depende de fatores muito mais ligados à recepção (parte do ouvinte) do que à emissão (parte do produtor) da mensagem comunicativa.

INDICAÇÃO – Participantes da radioescola, fases iniciante e intermediária.

DURAÇÃO – Cerca de 30 minutos para cada uma das fases: proposição, desenvolvimento e avaliação; totalizando cerca de uma hora e meia.

DINÂMICA PASSO A PASSO

1. O mediador promove a audição dirigida de um programa de rádio selecionado para essa finalidade. Pode ser uma radionovela, um documentário ou até um jogo de futebol.

2. Após a audição, o mediador solicita ao grupo que "traduza" o que foi ouvido de duas formas diferentes: gestos e desenhos. Ele também pode propor aos participantes que escolham *uma ou outra* linguagem.

3. No caso dos gestos, há a apresentação individualizada ou em grupos. No caso dos desenhos, há a mostra dos trabalhos. Em qualquer dos casos, a problematização será no sentido de buscar no sentir e pensar dos ouvintes a fonte real de imagens e gestos que o rádio sugeriu.

MATERIAL NECESSÁRIO – Gravador de áudio e material para anotação.

PR 11. Papagaio

O QUE É? – Trata-se de uma atividade de audição dirigida com ênfase na questão da ética, abordada por meio do formato radiofônico do *spot*.

IMPORTÂNCIA – Muito se tem discutido, na área pedagógica, sobre a influência do consumismo sobre a mídia. Para verificarmos essa hipótese, podemos simular as mesmas estratégias empregadas pela propaganda nas rádios abertas.

OBJETIVOS – Entender a dinâmica da publicidade moderna pela apropriação do discurso da propaganda no rádio.

INDICAÇÃO – Ensino fundamental, principalmente nas primeiras séries, idealmente na fase inicial de implantação da radioescola.

DURAÇÃO – Variável, de acordo com o número de *spots* que se queira reproduzir. A explanação dura cerca de 15 minutos, a audição de exemplos se resume a, no máximo, 3 minutos cada um, que é também o tempo de sua reprodução. Assim, se trabalhássemos com a imitação de cinco comerciais de rádio, obteríamos um tempo total de 45 minutos.

DINÂMICA PASSO A PASSO

1. O mediador executa uma seleção com, por exemplo, cinco comerciais de rádio (*spots*) pré-gravados.

2. Os exemplos devem ser ouvidos atentamente. Como um *spot* de rádio dura quase sempre menos de um minuto, pode-se repeti-lo três ou mais vezes.

3. As características principais do comercial são assinaladas, servindo como base para uma improvisação.

4. Esta consiste na reprodução fiel da peça pelos participantes, por meio da locução imitativa.

5. Após a apresentação das "*performances* imitativas", o grupo se reúne para a problematização:

a. Qual o produto anunciado e de que forma ele é representado na produção imitada?

b. Como os elementos de sonoplastia e da música funcionam nesta representação?

c. E o roteiro, como funciona?

d. Existe correspondência entre essas estratégias radiofônicas de compor o anúncio publicitário e a propaganda veiculada em outros meios, tais como a televisão e os impressos?

MATERIAL NECESSÁRIO – Radiogravador e material de anotação.

PR 12. Verdade ou mentira?

O QUE É? – Uma proposta para se trabalhar de maneira lúdica com a questão da credibilidade na mídia que, no rádio, está intimamente ligada aos formatos do gênero jornalístico.

IMPORTÂNCIA – A questão da verdade na informação é um dos aspectos mais importantes nas relações entre escola e mídia. No caso da televisão, é fato sabido que a boa aparência, expressão de seriedade e até a escolha das cores e padrões de fundo dos telejornais constroem um conjunto imagético que empresta credibilidade a qualquer notícia transmitida. Aqui, tentamos encontrar os equivalentes dessas "estratégias de produção" no rádio.

OBJETIVOS – Vivenciar empiricamente como o mecanismo de construção da credibilidade jornalística opera com elementos tais como a inflexão, a clareza e a sonoridade da locução.

INDICAÇÃO – Para alunos do ensino médio, nas atividades de oficina de radioescola em estágios intermediário e avançado.

DURAÇÃO – É uma vivência prevista para durar cerca de uma hora e meia, entre explanação da proposta, preparação e apresentação.

DINÂMICA PASSO A PASSO

1. O mediador deve preparar de antemão pautas para dois tipos de notícias:

    a. verdadeiras, mas difíceis de se acreditar;

    b. inverídicas, mas perfeitamente críveis.

2. As pautas são distribuídas entre os participantes, sem que eles saibam quais dentre as notícias são reais ou fictícias.

3. Os participantes serão orientados a:

    a. veicular as notícias utilizando a gama de recursos pertinentes ao radiojornalismo, ou seja, locução séria e convincente, vinheta de abertura, música de fundo (BG, ou *background*).

    b. ouvir atentamente e qualificar as notícias uns dos outros, assinalando quais, em sua opinião, são verdadeiras e quais são falsas.

4. A problematização pode destacar dois pontos:

    a. O que nos leva a acreditar mais em determinadas notícias do que em outras?

    b. Quais os elementos comuns entre as produções nos formatos publicitário e jornalístico?

MATERIAL NECESSÁRIO – Radiogravador, papel e caneta/lápis.

PR 13. O que você gosta de escutar?

O QUE É? – Uma forma lúdica de introduzir o conceito de pesquisa de opinião. Introduzimos aqui a enquete.

IMPORTÂNCIA – As técnicas de pesquisa de mercado operam intensamente com as habilidades matemáticas. Além disso, elas estão presentes no dia a dia da maioria dos municípios, definindo parâmetros na produção midiática.

OBJETIVOS – Desenvolver o trabalho iniciado na atividade anterior, ampliando a questão do perfil de rádio/ouvinte.

INDICAÇÃO – Para alunos do Ensino médio com nível intermediário e avançado na radioescola. Eventualmente, ela pode ser a atividade inaugural da radioescola, desde que a pesquisa seja realizada com um mínimo de rigor para atender às exigências da etapa 4 do projeto de implantação da rádio na sala de aula (ver o capítulo "Montando uma rádio na escola").

DURAÇÃO – Muito variável. A pesquisa em si é uma tarefa que um grupo grande pode realizar em alguns minutos no decorrer de uma aula. As etapas de tabulação exigem mais atenção e a conferência do professor.

DINÂMICA PASSO A PASSO

1. Os participantes são orientados a fazer uma pesquisa sobre as preferências radiofônicas de alunos, professores e demais membros da comunidade escolar.

2. Essa enquete deve ser bastante sucinta e fácil de se tabular. (Uma sugestão de questionário encontra-se no capítulo "Montando uma rádio na escola").

3. Os dados colhidos são transformados em tabelas de resultados. Então, com a ajuda dos professores da área de Matemática e, se possível, de uma planilha eletrônica, os resultados podem ser convertidos em gráficos de barra ou de "pizza" para facilitar a visualização.

4. As informações levantadas junto ao público são de grande utilidade para compor a programação da radioescola, adequando os formatos e estilos de maior preferência aos objetivos pedagógicos do projeto.

MATERIAL NECESSÁRIO – Papel e caneta/lápis. Opcionalmente, computador com planilha eletrônica.

PR 14. Linha editorial

O QUE É? – Essa é uma atividade que introduz o conceito de *linha editorial*, tal como é aplicado no radiojornalismo.

IMPORTÂNCIA – É preciso aprender a extrair as possíveis interpretações e opiniões particulares expressas nos meios de comunicação. Estas sempre se manifestam de uma ou de outra forma, ainda que os veículos em si não as propaguem ou as assumam explicitamente.

OBJETIVOS – Trabalhar o entendimento da relação entre linha editorial e opinião do ouvinte.

INDICAÇÃO – Para as atividades de oficina de radioescola do ensino médio, nos estágios iniciante e intermediário.

DURAÇÃO – Cerca de uma hora por sessão de trabalho.

DINÂMICA PASSO A PASSO

1. O mediador providencia a gravação de um programa jornalístico ou agenda a atividade para um horário no qual a transmissão do noticiário acontece em tempo real. O ideal é que essa atividade se desenvolva ao longo de três ou quatro sessões de trabalho.

2. O programa é ouvido com atenção durante um tempo razoável, não excedendo quinze minutos.

3. As notícias devem então ser anotadas, observando-se os seguintes aspectos:

   a. Que instituições são alvo do noticiário? Podem ser governos (União/ Estado/ Município), entidades privadas (empresas), organizações civis (ONGs, fundações) ou outras (igreja, crime organizado, partidos políticos etc.);

   b. Como pode ser qualificado o teor das notícias que se referem a essas instituições? Podemos defini-lo como favorável, desfavorável ou "neutro"?

c. A emissora de rádio dá o mesmo destaque a todos os tipos de instituição ou privilegia alguns?

d. Quanto ao tratamento e a atenção dispensados a cada instituição, é igualitário ou revela, ainda que veladamente, uma preferência?

4. O conjunto de respostas a essas perguntas pode compor um painel do qual sobressaia uma postura política, ideológica e ética que pode ser mais ou menos constante e coerente.

5. Podemos chamar a esse conjunto de posições de "linha editorial".

MATERIAL NECESSÁRIO – Rádio, papel e caneta/lápis.

PR 15. Sintonia

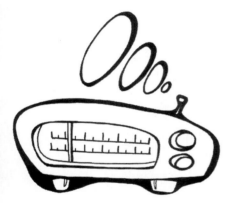

O QUE É? – Atividade de sensibilização e escuta dirigida de rádio.

IMPORTÂNCIA – Ouvir criticamente as produções de rádio não é uma habilidade inata: ela deve ser desenvolvida.

OBJETIVO – Trabalhar os conceitos de *perfil do ouvinte* e *segmentação de público*.

INDICAÇÃO – Segundo ciclo do Ensino Fundamental, nas atividades de oficina de radioescola dos estágios iniciante e intermediário.

DURAÇÃO – Ao todo cerca de uma hora, com explanação inicial (15 minutos), tempo para escuta e anotações (15 minutos) e meia hora final para análise/avaliação do exercício.

DINÂMICA PASSO A PASSO

1. Dispõem-se os participantes, o rádio é ligado em uma estação predefinida e pede-se a audição durante três minutos.

2. Durante esse tempo, os participantes fazem anotações sobre todos os aspectos da programação que possam indicar quem é o ouvinte para o qual ela foi estruturada.
3. Aqui contam os seguintes aspectos:
   a. a linguagem, mais coloquial ou mais formal, que indica faixa etária e nível sociocultural;
   b. o ritmo do programa – mais ou menos movimentado –, que dá uma boa ideia do horário no qual ele seria veiculado;
   c. os *spots* (comerciais) inseridos na programação e que podem dar uma boa ideia sobre os hábitos de consumo e preferências dos supostos ouvintes;
   d. as vinhetas e chamadas de programação da rádio, que revelam a imagem que ela quer passar à audiência.
4. A problematização visa definir a imagem mais fiel possível.

MATERIAL NECESSÁRIO – Rádio, papel e caneta/lápis.

PR 16. Visitando o estúdio de uma rádio

O QUE É? – Atividade de campo para conhecimento da rotina de trabalho de uma rádio de sinal aberto, que poderá ser:

- Comunitária – mantida por uma ONG ou sociedade civil de interesse público;
- Pública – mantida por uma fundação ou universidade do governo;
- Comercial – mantida pela iniciativa privada sob concessão do governo;
- Restrita – mantida por um grupo de interessados e autorizada a funcionar dentro das restrições da lei (como no caso da radioescola).

IMPORTÂNCIA – É muito importante que, além da prática empírica na radioescola, os participantes do projeto travem contato com as diversas possibilidades de participação social baseadas na linguagem radiofônica.

OBJETIVOS – Entender a importância social da radiofonia e identificar este trabalho – guardadas as devidas proporções – com o da radioescola são ações que podem acrescentar qualidade ao projeto.

INDICAÇÃO – Segundo ciclo do ensino fundamental e ensino médio, nas atividades de oficina de radioescola de todos os estágios.

DURAÇÃO – Variável de acordo com a distância do local visitado e a disponibilidade do transporte. Como é quase impossível levar um grupo grande a um estúdio de rádio (quase sempre uma instalação de pequeno porte), as visitas devem durar um período letivo (cerca de quatro horas) para um grupo de cerca de vinte alunos.

DINÂMICA PASSO A PASSO

1. Oriente o grupo a escrever suas perguntas com antecedência e a anotar as repostas, para que as informações colhidas sejam resgatadas e discutidas posteriormente. É claro que outras dúvidas pertinentes e bem-vindas podem surgir no decorrer da visita.

2. É sempre bom reservar a(s) aula(s) seguinte(s) para trabalhar especificamente a experiência vivenciada, recordando-a e anotando os pontos relevantes. Caso o professor julgue necessário, um relatório formal da visita poderá ser elaborado coletivamente.

3. Da mesma forma que o grupo de alunos envolvidos deve ser o mais amplo possível, a participação de todos os professores, da equipe técnica (diretor, coordenador pedagógico e assistente), além de funcionários da escola, é fundamental.

4. Muitas vezes o local visitado planeja uma programação especial para a visita. Mesmo que isso não ocorra, é sempre mais interesse que os visitantes presenciem a operação habitual da rádio, com toda a "adrenalina" da operação ao vivo.

5. A conclusão do evento é sempre estendida à escola, com uma avaliação da visita e entrega de relatórios, caso o professor considere pertinente.

MATERIAL NECESSÁRIO – Transporte até o local, gravadores portáteis e as anotações escritas.

PROJETOS TRANSDISCIPLINARES

Além das atividades cotidianas da radioescola e das dinâmicas eventuais sugeridas para dar um novo alento a um trabalho longo (que pode se tornar rotineiro, no mau sentido), existe a opção de envolver o grupo de participantes em um projeto de maior fôlego graças ao destaque alcançado nos festivais de que participaram.

Dessa forma, uma parcela ainda maior de membros da comunidade escolar ganha a chance para se agregar ao movimento já iniciado.

Tais iniciativas, que têm como ponto central a pluralidade cultural, podem utilizar integralmente os recursos disponibilizados pela radiofonia, além de envolver disciplinas que, tradicionalmente, são difíceis de incluir em projetos dessa natureza.

Aqui é apresentado um único exemplo – a organização de um festival de música. Embora não seja uma proposta de atividade condicionada à existência de uma rádio na escola, o festival de música reúne diversas características vinculadas à linguagem radiofônica e apresenta um caráter transdisciplinar extremamente pertinente à proposta pedagógica educomunicativa apresentada neste livro.

ORGANIZANDO UM FESTIVAL DE MÚSICA

Muito longe de ser uma competição musical entre alunos apoiada em objetivos pedagógicos vagos, o festival deve ser encarado como uma proposta transdisciplinar que movimente todos os setores da escola.

A música, enquanto linguagem expressiva e manifestação cultural, permeia tanto os meios de comunicação quanto o saber constituído que sustenta várias correntes educativas. Entendida dessa maneira, a música seria, portanto, um recurso *educomunicativo* por excelência.

O festival em si deve ser pensado como um evento de integração e troca entre as várias vertentes por meio das quais a pluralidade cultural se manifesta dentro da escola.

Vale a pena?

Festivais de música sempre representaram eventos de grande importância cultural na história recente do Brasil. Basta lembrar que, nas décadas de 1960-70, nomes como Chico Buarque, Caetano Velloso, Gal Costa, Gilberto Gil, Ivan Lins, Djavan, Rita Lee e outros do mesmo quilate despontaram do quase anonimato para o primeiro time de artistas da MPB.

Além dos artistas, os movimentos musicais, caracterizados por suas posições ideológicas e estéticas, também ganharam uma força inaudita, transformando os palcos dos festivais num espaço democrático. Nele, conviveram as canções de protesto, a Jovem Guarda, a Tropicália e o rock, ao lado da música brasileira dita "tradicional".

Embora as reedições subsequentes dos grandes festivais, como o MPB-*Shell* (na década de 1980) e o *Festival da Rede Globo* (no ano 2000), não tenham obtido o mesmo impacto, a mítica e o folclore dos festivais de música ainda persistem no imaginário popular.

Este fato, que por si só já indicaria a atividade como um excelente recurso pedagógico na escola, ainda se sustenta pelos seguintes argumentos:

- PROJETO DE TRABALHO: a organização, preparação e realização do evento requer um tempo considerável, que varia de três meses (mínimo) a um semestre (tempo médio ideal), e o envolvimento geral de alunos, professores, coordenação, direção e funcionários da escola em torno de um objetivo comum. Trata-se de uma atividade motivadora e aglutinadora por excelência.

- INTERDISCIPLINARIDADE: os diferentes conhecimentos e habilidades, tais como criar textos, compor e executar música, apresentar e divulgar o evento, estão no âmbito de diversas disciplinas, como línguas, História, artes. Estas necessitam trabalhar coordenadamente desde a pesquisa até a realização e avaliação do festival.

- TRANSVERSALIDADE PLENA: que pode ser relacionada diretamente com a atividade (no caso da pluralidade cultural, trabalho e consumo e ética) ou, indiretamente, como temática para as composições (como meio ambiente, saúde e orientação sexual).

- INTEGRAÇÃO COM A COMUNIDADE: que pode ser promovida quando se convidam pais, amigos e familiares dos alunos para torcer por seus concorrentes. Dessa maneira, movimenta-se a vida cultural do bairro, demonstrando-se efetivamente que o trabalho pedagógico da escola não termina na sala de aula.

Objetivos

Os objetivos de quem organiza um festival costumam ser:

Gerais:
- envolver um grupo grande de participantes numa atividade motivadora que possibilite o exercício de várias habilidades;

- envolver a comunidade externa nas atividades escolares;
- incentivar as manifestações culturais e criativas dentro do espaço escolar.

Específicos:
- organizar um projeto pedagógico transdisciplinar que agregue contribuições de todas as instâncias da escola;
- trabalhar conteúdos predefinidos por meio de uma proposta temática articulada pela música;
- estabelecer a música como uma interface permanente de trabalho pedagógico, o que assegura, em muitos casos, o interesse e a disposição dos alunos em sala de aula.

Além desses, vários outros objetivos podem ser enumerados de acordo com a necessidade de cada contexto educativo.

Metas

Como o projeto em questão está baseado num evento ou ciclo de eventos, estamos falando de datas-chave e etapas definidas de realização – eliminatórias e final.

Em princípio, alguns critérios bastante objetivos poderiam ser assinalados para indicar o grau de envolvimento da comunidade escolar:

- percentual de alunos envolvidos;
- percentual de educadores envolvidos;
- número de músicas inscritas;
- participação de grupos procedentes da comunidade escolar ou de outras escolas e instituições (no caso de um festival aberto).

No tocante à participação da radioescola, também contamos com base para dados mensuráveis:

- número total de horas de gravação;
- variedade de gêneros produzidos a partir da proposta do festival;
- número total de produções radiofônicas relacionadas com a proposta.

Como desenvolver

1. Faça um levantamento preliminar de interesse junto aos alunos, na forma de um questionário em que constem algumas perguntas básicas:

- Teria interesse de participar de um festival de música?
- Como (tocando, cantando, compondo música e letra, ajudando a organizar e divulgar)?
- Toca (o quê?), canta ou compõe? (em qual gênero/estilo?). Obs: Não é condição obrigatória!

2. Em posse das informações levantadas, procure formar uma comissão que inclua alunos, outros professores e funcionários da escola, com a colaboração da Coordenação Pedagógica e da Direção (é fundamental que o proponente da atividade não trabalhe sozinho, o que seria muito desgastante).

3. Procure incluir o evento como uma atividade interdisciplinar no planejamento geral da escola.

4. Com uma equipe ou comissão formada, distribua as tarefas:

- Quem planeja e divulga (regulamento)?
- Quem recebe as inscrições e faz a pré-seleção?
- Quem procura apoio para a premiação, ainda que simbólica (pois medalhas e troféus também representam custo)?

- Quem monta, opera a aparelhagem de som e acompanha os compositores sem grupo (por falar nisso, a escola tem auditório?)?
- Quem constituirá o júri?

5. Organize um cronograma incluindo:

- pré-seleção (critérios decididos previamente);
- arranjos (caso necessário);
- ensaios;
- passagem de som no dia do evento;
- apresentações e premiação;
- reuniões de desenvolvimento e avaliação do projeto.

Algumas dicas úteis

- Avalie o âmbito do projeto (pequeno, médio, grande), as séries envolvidas (recomenda-se a partir do segundo ciclo do ensino fundamental) e a proposta (composições originais, _covers_ ou ambos), para organizar um evento viável!
- As primeiras edições de um festival geralmente são restritas e servem de motivação para novas edições (por isso mesmo, não podem dar errado).
- Exija compromisso de todos os envolvidos para não acabar "carregando o piano" sozinho.
- Se você não domina suficientes conhecimentos musicais, busque a assessoria de um ou mais músicos competentes (que existem, muitas vezes sem que você o saiba, entre os alunos e colegas).
- Registre tudo em vídeo, fotos, CD ou, pelo menos, fita K7. Se conseguir, faça publicar (enviando um _release_ para o jornal local), guardando os eventuais comentários. Essa é uma maneira de propiciar a continuidade do trabalho.

Recursos necessários

Para facilitar a administração das necessidades da proposta, é interessante dividi-las em dois grupos: materiais e humanas.

Necessidades Materiais

Espaço

Preferencialmente a escola deve contar com um auditório – próprio ou cedido – com <u>palco italiano</u> e cadeiras na plateia, além de um sistema de som dimensionado adequadamente; em tese o festival pode ser organizado até na quadra coberta da escola – desde que se leve em conta a precariedade acústica desse tipo de ambiente, pois o som tende a sair "embolado" por causa da reverberação.

Num caso desses, até o pátio aberto seria mais recomendável, e, num último caso, poder-se-ia fazer uso de um campinho de futebol ou quadra aberta, situação em que o evento fica à mercê das condições atmosféricas.

É preciso também verificar o número, a voltagem e as condições de uso das tomadas, providenciando extensões, filtros de linha e estabilizadores de força, se for o caso.

> É bom lembrar que o respeito da plateia depende diretamente da atenção despertada pelo evento, e ela se dispersa rapidamente quando as condições técnicas não são razoáveis.

Equipamento

As soluções ideais incluem, por ordem, uma aparelhagem completa (funcionando) com mesa de som, amplificadores, equalizador e caixas acústicas com alto-falantes graves, médios e agudos, além dos microfones (quatro, no mínimo) com os respectivos pedestais.

Na falta de tudo isso, e em ambientes fechados, pode-se "quebrar o galho" com caixas amplificadas (*combos*, amplificadores de guitarra e baixo elétrico) que os músicos muitas vezes possuem. Neste caso, convém tomar algumas precauções, como evitar a ligação de microfones nas mesmas caixas dos instrumentos, e do contrabaixo numa caixa aguda (o que pode destruí-la).

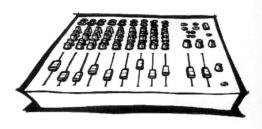

Na pior das hipóteses, recorre-se a um aparelho <u>estéreo</u> doméstico (padrão *microsystem*), cuja potência e qualidade de som quase sempre deixam muito a desejar. Essa solução só é viável num ambiente fechado e pequeno – com o uso de um ou mais *systems* e de tantas caixas quantas forem possíveis. Mesmo assim, ainda há o problema de se ligar vários instrumentos e microfones em aparelhos com poucas entradas (é para isso que serve a <u>mesa de som</u>, ou o <u>*mixer*</u>).

Independentemente de qualquer coisa, é preciso que alguém (de preferência o dono da aparelhagem, para evitar incidentes desagradáveis...) saiba operar bem o som, pois de nada adiantam potência e qualidade sem mão de obra qualificada! Uma solução boa é arrecadar uma pequena quantia dos participantes (ou verba da associação de pais, caso haja) e contratar a melhor equipe de som local (sabe aqueles meninos que animam festas e bailinhos na região?). Isso costuma evitar muito *stress* para os organizadores!

> Em ambientes fechados, trabalhe com o mínimo volume possível, pois a maior parte dos problemas de inteligibilidade está relacionada com a tentativa de um instrumento ou cantor sobrepor-se ao outro! E não se esqueça de que os instrumentos musicais são pessoais e, portanto, de responsabilidade exclusiva de seus proprietários!

Outras necessidades

Além do equipamento, que é fundamental, e de outros itens mais ou menos óbvios, há uma série de elementos que não podem ser esquecidos:

- material de divulgação, na forma de cartazes, filipetas, faixas;

- troféus, medalhas ou itens de premiação (por exemplo, instrumentos musicais ou CDs, evitando prêmios em dinheiro);

- garrafas d'água e copos para o júri e os músicos, folhas de votação, canetas, programas impressos com a ordem e as letras das músicas, tecidos para forrar mesas e fazer cortinas, se necessários – em suma, todos os pequenos detalhes não musicais que fazem falta em qualquer evento dessa natureza.

> Procure os comerciantes do bairro e tente conseguir, como na época das prendas das festas juninas, algum apoio cultural em troca de divulgação ou pela própria consciência comunitária.

Necessidades Humanas

Dos organizadores

Para um evento que envolva quinhentos ou mais participantes (concorrentes e público), uma boa equipe deve contar com, pelo menos, dez pessoas trabalhando, ou seja, cinco duplas (um responsável e um corresponsável) que se engajem em cinco diferentes tarefas:

- divulgação do evento, dentro e fora da escola;

- recebimento e seleção do material inscrito;

- agendamento e monitoração dos ensaios, passagem de som e apresentação do evento;

- organização do júri (podem ser convidados de fora da escola);

- responsabilidade pelo equipamento.

É claro que, se a dimensão do festival for modesta, funções podem, dentro da medida do bom senso, ser acumuladas ou divididas.

> Um júri ideal deve ser relativamente eclético, incluindo pessoas com bons conhecimentos de música, literatura e artes em geral. Atenção: evite a exposição de pessoas que não se sintam à vontade no papel.

Dos competidores

No mais das vezes, quando se propõe um festival, existe um interesse muito grande por parte de poucos (que tocam, cantam, criam ou "mexem com música") e um pequeno interesse por parte do restante (que não faz nada disso).

Como a ideia não é lançar artistas no mercado fonográfico, mas apenas realizar uma atividade pedagógica lúdica, deve-se abranger o máximo de possibilidades para os interessados, o que se consegue:

- aceitando sugestões e, se a maturidade do grupo possibilitar, submetendo à votação todos os pontos referentes ao regulamento do festival para que os alunos sintam que o festival é deles, e não da escola ou do professor fulano;

- permitindo que concorram grupos vocais, acompanhados por algum dos grupos participantes, ou ainda por *playback* (a base da música, sem vocal, gravada em fita);

- permitindo a participação de *covers* (mesmo que seja numa categoria à parte), isto é, executantes de canções não originais – sem perder, no entanto, o caráter educacional do evento;

- fazendo do trabalho de composição de letras um item de avaliação dentro das disciplinas de línguas, artes, sociais etc.

> Procure organizar um grupo-base de alunos que toque alguns instrumentos para assessorar os demais, ajudando na composição e execução musical. Assim, podem aparecer interessados com pouco ou nenhum conhecimento musical que consigam participar e se envolver no projeto.

Do público

O envolvimento do público acaba tendo uma importância equivalente ao de todos os demais participantes. Uma audiência indisciplinada, fria, ou mesmo hostil, pode arrasar qualquer evento.

Felizmente, o mais comum (no caso de um evento bem planejado e executado) é que os alunos respondam bem ao estímulo, colaborando, encorajando e torcendo por seus amigos e colegas.

Lembre-se: o julgamento do público é, em última análise, aquele que mais influencia na continuidade ou interrupção de uma proposta inovadora.

Alguns cuidados podem dar maior garantia de êxito ao festival:

- distribuir ingressos, mesmo que gratuitos (ou a um custo simbólico) para se ter uma ideia aproximada do tamanho do público;

- reservar um espaço para os músicos e pessoas que trabalham na organização do festival, isolando-o, para que não seja invadido;

- designar um aluno mais desenvolto para ser o animador de torcida, organizando os grupos, os gritos de guerra, a *ola* (aquela onda de gente que se levanta) e tudo o mais que couber para a ocasião;

- escolher, para apresentar o evento, um professor ou aluno de grande popularidade, mas atenção: providencie um roteiro, pois improvisos nem sempre funcionam;

- esteja preparado para administrar os insatisfeitos, alunos ou pais inconformados, ressaltando o caráter lúdico do festival;

- dependendo do tamanho da plateia, é bom que haja sempre pessoas disponíveis para garantir alguma segurança (mas sem truculência) aos participantes;
- esteja alerta para recolher objetos perigosos como garrafas de vidro, cabos de madeira, barras de ferro ou hastes cortantes.

Além dos tradicionais primeiro, segundo e terceiro lugares, estabeleça prêmios para: melhor <u>arranjo</u>, melhor interpretação, artista-revelação, o mais simpático. Vale basicamente tudo! Além disso, os prêmios distribuídos não devem ser muito díspares, para que todos os participantes possam, de alguma forma, se satisfazer com o resultado (evidente que a satisfação geral é uma utopia). E não se esqueça dos prêmios de participação!

Documentação e registro

Todas as etapas do festival devem ser documentadas e isso pode ser feito com vários recursos: fotografia, gravação em áudio (imprescindível), filmagem e também com a organização de um memorial do evento, que inclua tudo isso.

O volume de material impresso decorrente de um evento dessa natureza costuma ser considerável. O melhor mesmo é organizá-lo desde a origem, o que se consegue pela padronização do material impresso.

A título de sugestão, disponibilizamos, nas próximas páginas, modelos de regulamentos e fichas de inscrição para um festival de música.

MODELO: regulamento do Festival Aberto de Música

I – Da participação

a) Poderão participar alunos ou grupos musicais das _ _ _ _ _ _ séries do ensino _ _ _ _ _ _ _ _ _ _ _ _ _ .
b) Poderão fazer parte dos grupos elementos que não sejam alunos do colégio, desde que não excedam o número (ou percentual) de _ _ _(%) componentes por grupo.
c) Poderão participar como coautores das músicas inscritas alunos que não estudem no colégio.

II – Das inscrições

a) Cada autor ou grupo (autoria coletiva) poderá inscrever até _ _ _ músicas inéditas.
b) As composições devem ser entregues em fita cassete ou CD, acompanhadas de _ _cópias (número equivalente ao de jurados).
c) A taxa de inscrição por música é de R$ _ _ _ _ _ , valor cuja arrecadação total será reservada como verba de premiação [opção mais recomendada para escolas da rede privada].
d) A data-limite para a entrega do material de inscrição é __/__ /__.

III – Das premiações

a) As premiações serão atribuídas a partir da soma das notas dadas pelo júri, sendo esse formado por pessoas habilitadas no julgamento dos quesitos referentes a Letra, Composição Musical e Interpretação.
b) Os prêmios serão distribuídos aos colocados em 1º, 2º e 3º lugares, aos quais se somam as categorias especiais de:
– Melhor interpretação;
– Melhor arranjo;
– Melhor letra;
– Revelação;
– Outros (preferido da torcida etc.).
c) A natureza dos prêmios distribuídos será a seguinte:
– Primeiro lugar: _ _ _ _ _ _ _ _ _ _ _ _ _ _ _ _ _ _
– Segundo lugar: _ _ _ _ _ _ _ _ _ _ _ _ _ _ _ _ _ _
– Terceiro lugar: _ _ _ _ _ _ _ _ _ _ _ _ _ _ _ _ _ _
– Demais prêmios: _ _ _ _ _ _ _ _ _ _ _ _ _ _ _ _ _
d) As decisões do júri são irrecorríveis.

Local e data.

```
MODELO: ficha de inscrição para o Festival de Música

1) Nome da música
┌──────────────────────────────────────────────┐
│                                              │
└──────────────────────────────────────────────┘

2) Autor(es)
┌──────────────────────────────────────────────┐
│                                              │
└──────────────────────────────────────────────┘

3) Intérprete(s)
┌──────────────────────────────────────────────┐
│                                              │
└──────────────────────────────────────────────┘

4) Apresentação da música/comentários do(s) autor(es)
┌──────────────────────────────────────────────┐
│                                              │
└──────────────────────────────────────────────┘

5) Anexos
Letra (nº de cópias)
Gravação em:    fita cassete (   )    CD (   )

6) Observações
┌──────────────────────────────────────────────┐
│                                              │
└──────────────────────────────────────────────┘

Local                                      Data
┌──────────────────────────────────────────────┐
│                               __ / __ / __   │
└──────────────────────────────────────────────┘


_____        _____
  Visto(s) do(s) autor(es)           Visto da recepção
```

Avaliação

Acreditamos haver abordado satisfatoriamente a questão de avaliação do projeto pedagógico no capítulo "Por que o rádio na escola" deste livro. As estratégias e instrumentos para aferição da proposta podem se basear nas orientações relacionadas na seção "As etapas do trabalho" do citado capítulo.

É fundamental nos darmos conta de que a melhor avaliação é a própria repercussão do projeto, que pode servir de base para a construção de um trabalho pedagógico permanente que se projete para além dos muros da escola.

RESUMO

Este capítulo abordou:

As atividades da radioescola, propondo uma classificação para elas, bem como um repertório de 31 sugestões, mais um projeto transdisciplinar completo.
Alguns aspectos referentes aos pré-requisitos e uma lista de conferência (*checklist*) para ajudar na implementação dos projetos.
Uma classificação das atividades foi proposta nos seguintes termos: • atividades clássicas (AC) – dinâmicas tradicionais; • dinâmicas de apresentação e sensibilização (DAS) – criadas ou adaptadas especialmente para esta finalidade; • universo da comunicação (UC) – dinâmicas que enfocam o processo comunicacional; • projeto de rádio (PR) – atividades inseridas na rotina de uma radioescola.
As atividades propostas foram assim detalhadas: O que é?/Importância/Objetivo/Indicação/Duração/Dinâmica passo a passo/Material necessário.
Ao final do bloco de atividades sugeridas, foi apresentado um exemplo detalhado de projeto transdisciplinar: "Organizando um festival de música".
O projeto em questão foi detalhado com base nos seguintes itens: Vale a pena?/Objetivos/Metas/Como desenvolver/Recursos necessários (materiais e humanos)/Documentação e registro/Avaliação.
Após esse capítulo são apresentados: • um glossário básico de termos empregados neste livro; • uma lista de referências compreendendo livros, filmes e *sites*; • uma discografia básica para programação musical do gênero erudito.

GLOSSÁRIO

A capella: diz-se de todas as peças vocais executadas sem o acompanhamento de instrumentos.

Agudo: expressão que em música designa os sons de alta frequência (coloquialmente chamados de sons finos), em oposição aos graves.

Altura: em música, a diferença entre os sons graves e agudos.

Amplificador: dispositivo construído para aumentar eletricamente o sinal sonoro.

Ambiência: qualidade que nos leva a perceber, auditivamente, as dimensões e a natureza de um espaço físico imaginário.

Arranjo: em música, é o ato de adaptar uma obra a determinada formação (grupo executante) ou proposta, utilizando-se de uma relativa liberdade para modificação de ritmo, instrumentação, harmonia ou mesmo melodia. Diga-se de passagem, esta liberdade é muito maior no gênero popular que no erudito.

Ataque: momento inicial (entrada) de um som. Pode ser mais imediato ou mais gradual. É considerado a primeira das quatro seções de uma onda sonora (as outras são, sucessivamente, *decay*, *sustain* e *release*).

Backup: termo corrente da informática que significa "cópia de segurança".

BG ou *background*: som de fundo. Ruídos do ambiente da gravação ou a música usada para sonorizar a matéria.

Bossa nova: nome que designa o ritmo e o movimento que pretendia a renovação do samba na passagem da década de 1950 para a de 1960. Com assumida influência do jazz, o estilo da bossa nova simplificava a batida do samba, mas, em contrapartida, introduzia uma complexidade harmônica inédita na música brasileira. Os maiores expoentes do movimento foram Tom Jobim, João Gilberto e a dupla Vinícius de Moraes & Toquinho.

Briefing: em publicidade, é o nome da lista de indicações do cliente para o produtor e que ditam as especificidades da produção no tocante a público-alvo, gênero, caráter, âmbito etc.

Cardioides: categoria de microfones cuja área de captação equivale a um desenho tridimensional, da forma de um coração.

Canais de áudio: na tecnologia digital, os canais constituem-se em divisões virtuais dentro das pistas (que são trilhas físicas). Na tecnologia de áudio, canais são trilhas imaginárias por onde passam sinais sonoros distintos. Exemplo: os canais direito e esquerdo do som estereofônico.

Captadores magnéticos: dispositivos para gravação de sons equivalentes a microfones. São usados por instrumentos com cordas de aço, tais como guitarras e violões elétricos.

Caixas acústicas: estruturas (geralmente de madeira e revestidas com algum isolante sonoro) que comportam os alto-falantes. As **caixas acústicas amplificadas** formam um *combo* (conjunto) com um amplificador, com recursos limitados de equalização. As **caixas de resposta plana** não amplificam nem equalizam o som. Ao contrário, elas tentam reproduzir o áudio original com a maior fidelidade possível.

CD: *compact disc*, ou seja, disco óptico compacto. Formato que se tornou padrão de mídias comerciais de áudio (e dados) desde a década de 1990. Sua especificação é de 74 a 80 minutos de gravação, em um único lado da mídia, no padrão estéreo.

Cifras: sistema de notação de acordes musicais que substitui o nome das posições por letras maiúsculas e minúsculas acrescidas por sinais. Ex.: Lá menor = Am. Bastante difundido entre os músicos populares.

Código de sincronia: recurso que permite determinar o ponto exato de um sinal na gravação.

Concerto: forma de música instrumental para orquestra concebida em três movimentos (rápido/lento/rápido), geralmente escrita para destacar um instrumento solista.

Consonância: fenômeno psicoacústico baseado na sensação de que dois ou mais sons tocados simultaneamente parecem "agradáveis" ao ouvinte.

Convergência das mídias: expressão que designa o fenômeno da semelhança crescente entre os artefatos tecnológicos utilizados na comunicação. Essa semelhança se evidencia tanto no aspecto quanto no uso dos equipamentos. Por exemplo: telefones celulares que acumulam funções de computador, como receber e enviar *e-mails*.

Conta-giros: dispositivo que marca o número de voltas que uma fita magnética dá enquanto é executada.

Coral: o nome, em música, se aplica tanto a uma formação vocal e específica – o grupo dividido em quatro vozes (não quatro componentes, mas quatro linhas melódicas distintas) quanto uma peça composta especificamente para uma formação semelhante (mas que pode também ser executada por instrumentos).

Cover: no sentido original, o termo remetia à imagem de artistas famosos que saíam em capas de revista. O sentido foi ampliado e passou a desigar também os conjuntos especializados em imitar o repertório (e também o visual) de bandas famosas. Atualmente, a palavra também se aplica a qualquer música cuja interpretação imite a de determinado artista.

DAT: *digital audio tape* – fita de áudio digital com capacidade de especificação estereofônica.

Diafragma: músculo que separa o tórax do abdômen e que é o grande responsável pelo movimento respiratório.

Dial: aparato que exibe as diferentes faixas de frequência no rádio, permitindo orientar a sintonização.

Dinâmica: termo que denota, em música, as variações de velocidade e intensidade associadas à interpretação do executante.

Dissonância: fenômeno psicoacústico caracterizado pela sensação de que dois ou mais sons tocados simultaneamente parecem "desagradáveis" ao ouvinte.

Disco de vinil: ainda que nem todas tivessem como matéria-prima a resina sintética vinílica (vinil), assim era a denominação das mídias eletromagnéticas em formato disco antes da chegada dos CDs.

Doppler: efeito que consiste na variação da frequência percebida de acordo com a aproximação ou o distanciamento da fonte emissora. Por exemplo, quando uma sirene se aproxima, percebemos o som como mais agudo do que quando ela se afasta de nós.

Duração: parâmetro do som que diferencia os sons curtos dos longos.

Earphone: fones de ouvido de dimensões reduzidas que são parcialmente introduzidos nas orelhas do usuário.

Ecologia sonora: modalidade de estudos proposta por alguns grupos de pesquisadores e que consiste na avaliação do mundo e das relações entres os seres pelo viés da percepção auditiva.

Equalização: atuação de aparelhos equalizadores sobre o áudio, com o objetivo de equilibrar a gama de frequências graves, médias e agudas.

Equalizador: dispositivo destinado a atenuar ou destacar faixas específicas de frequência do sinal sonoro. É usado para tornar o áudio mais grave, mais agudo, mais nítido e ainda para eliminar microfonias e ruídos. O **equalizador gráfico** atua sobre um número predefinido de bandas (faixas) fixas, ao passo que o **equalizador paramétrico** pode ser ajustado para diversas faixas e larguras de banda.

Escala musical: sucessão progressiva de sons dispostos em ordem de altura (do mais grave para o mais agudo ou vice-versa) sobre o qual baseia-se a nossa percepção de melodias. A escala diatônica é composta por 7 tons – Dó, Ré, Mi, Fá, Sol, Lá e Si – e a cromática, por 12 semitons – Dó# (lê-se "sustenido"), Ré, Ré#, Mi, Fá, Fá#, Sol, Sol#, Lá, Lá#, Si e Dó.

Estéreo: abreviação de "estereofônico". O termo refere-se aos dois canais distintos do áudio da gravação (direito e esquerdo), que foram criados para simular o funcionamento da audição humana. O termo oposto seria "monofônico" (mono ou monaural). Mesmo se tivermos o som distribuído em duas ou mais caixas acústicas, se o áudio de ambas for idêntico, ele será mono e não estéreo.

Fita K7: padrão doméstico das gravações baseadas na tecnologia de cabeçotes magnéticos de leitura e gravação sobre suporte plástico impregnado com partículas metálicas. A reduzida capacidade de armazenamento e o alto nível de ruído tornam o K7 incompatível com a qualidade exigida numa gravação profissional.

Geoidal: de forma geoide, isto é, de uma esfera ligeiramente achatada na região dos polos.

Gravação analógica: em áudio, diz-se da tecnologia baseada na medição constante das variações de amplitude e frequência de um sinal sonoro (portanto, físico) que são convertidas em um registro eletromagnético para posterior reconversão em áudio. Ela substituiu a gravação mecânica e precedeu a gravação digital. Apesar de ser um processo eficiente, essa modalidade de gravação está sujeita a interferências eletromagnéticas e degradação do sinal (perda de qualidade) na cópia.

Gravação digital: em áudio, é o desenvolvimento da gravação eletromagnética que implica na conversão do sinal em dados (sistema binário) e sua posterior reconversão em sinal analógico para reprodução. Ao contrário da gravação analógica, a modalidade digital não é diretamente suscetível a interferências eletromagnéticas e nem perde qualidade na cópia.

Grave: ou baixo – expressão que, em música, designa os sons de baixa frequência (coloquialmente chamados de sons "grossos"), em oposição aos agudos ("sons finos").

Hi-Fi: abreviação de *high fidelity*, sistema de reprodução de áudio que precedeu o sistema estereofônico.

Intensidade: parâmetro sonoro que diferencia os sons fortes dos fracos.

Jazz: subgênero da música popular americana, caracterizado pela harmonia complexa e o improviso, exigindo de seus executantes um elevado nível técnico.

Jovem Guarda: movimento musical e comportamental brasileiro que se estendeu do final da década de 1960 até os primeiros anos da década de 1970. Sua característica básica foi a total assimilação de modelos musicais e estéticos do *pop* internacional, emprestando-lhes, no entanto, um sotaque regional característico. As figuras mais expressivas do movimento foram Roberto Carlos, Erasmo Carlos, Vanderleia, Jerry Adriani, Os Vips, Os Incríveis, Eduardo e Silvinha Araújo, entre outros.

Lied: forma musical que busca a perfeita união entre poesia e melodia.

Mass media: expressão que pode ser traduzida, livremente, como "meios de comunicação em massa".

MD: *minidisc*, ou mini disco óptico. Tecnologia de gravação semelhante à do CD, mas que permite a regravação de modo semelhante ao das fitas K7.

Mesa de som: equipamento que recebe o áudio em canais separados e o distribui, para sistemas de monitoramento ou gravação. Possui ainda alguns recursos de equalização.

Mecenato: patrocínio privado. A expressão foi cunhada a partir dos *mecenas*, aristocratas que financiavam os artistas no Renascimento.

Microfones de condensador: trata-se dos microfones de grande sensibilidade, omnidirecionais (captam sons em todas as direções), conhecidos também como microfones "moles".

MIDI: Music Instruments Digital Interface (Interface Digital para Instrumentos Musicais), código que permite a comunicação de instruções e arquivos musicais entre computadores e instrumentos eletrônicos.

Mídia: a palavra que vem do latim *media* — *m*eios. Significa, entre outras coisas, o canal pelo qual se veicula a comunicação (rádio, TV, impressos, etc.)

e também o suporte físico no qual as informações sonoras são armazenadas (CD, DVD, fita, etc).

Mixer: aparelho que seleciona a fonte sonora em uso. Realiza a mesma tarefa que a mesa de som, mas costuma ser mais limitado em recursos.

Monólogos: textos escritos para serem interpretados por um único ator.

MP3: formato digital de áudio que utiliza princípios da teoria psicoacústica para reduzir a informação sonora de forma quase imperceptível. O resultado é um arquivo cerca de dez vezes menor que um áudio padrão.

Música modal: sistema baseado na proeminência da melodia (sucessão de notas alternadas). Imperou antes da consolidação do sistema tonal. Os *modos*, antecessores das escalas melódicas, eram quase sempre associados a um caráter específico da música (amoroso, triste, lúgubre etc.).

Música tonal: sistema baseado na proeminência da harmonia (notas tocadas simultaneamente) e que sucedeu o sistema modal, ampliando as possibilidades expressivas pela combinação de sons simultâneos.

Multipista: sistema de gravação que permite o registro simultâneo de diversas trilhas de áudio (*tracks*) independentes. Assim, pode-se apagar ou editar cada uma delas independentemente. Na gravação digital, cada trilha ou pista é uma divisão física do áudio, ao passo que o termo "canal" pode ser usado para denominar subdivisões virtuais dentro das trilhas.

Onda sonora: forma tridimensional assumida pelo som que reflete seus parâmetros e sua complexidade. Normalmente, ela é representada bidimensionalmente nos artefatos de processamento de áudio.

Opereta: pequena obra vocal semelhante à ópera, mas baseada em música mais ligeira (leve) e de enredo geralmente cômico.

Palco italiano: palco clássico, com boca e fundo de cena, coxias e cortinas. Contrapõe-se, por exemplo, ao palco de arena, que é aberto para todos os lados e não possui coxias nem cortinas.

Parlendas: manifestações folclóricas baseadas em sequências rimadas de forte apelo rítmico. Ex.: "A galinha do vizinho bota ovo amarelinho...".

Paródia: nome que se dá à apropriação de um tema musical em que se modifica a letra de uma canção para qualquer finalidade diversa da original, mantendo-se, no entanto, a melodia inalterada.

Partitura: sistema de registro musical que captura todas as nuances (altura, duração, dinâmica, efeitos etc.) de uma composição, servindo como um código que pode ser compreendido universalmente pelos músicos.

Pauta: no radiojornalismo, significa a matéria transcrita na forma de texto, tal como será levado ao ar pelo locutor. Não confundir com a pauta musical.

Performance: o termo designa, aqui, uma forma cênica contemporânea, realizada quase sempre em espaços alternativos que não palcos e com uma dinâmica que não se prende ao texto ou à direção. Seria uma forma de reação ao chamado teatro clássico.

Pistas: trilhas físicas nas quais se realiza a gravação analógica ou digital. Normalmente, pode-se apagar uma pista sem afetar a outra.

Podcast: a expressão designa um tipo de produção criado especificamente para a veiculação na internet. A facilidade de produção, *download* e *upload* oferecem um campo vasto para as experiências radiofônicas onde quer que haja acesso à *web*.

Rack de efeitos: nome que se dá ao equipamento capaz de adicionar ao som da voz ou de instrumento efeitos de ambiência (reforço, *reverb*, eco, atraso), modulação (*chorus, flanger, phaser, wha-wha, pitch-shifter*) ou, ainda, de distorção (*over-drive, distortion*) e outros (harmonizador, arpejador etc.).

Remix: nome dado às versões rearranjadas de músicas conhecidas, tais como são executadas pelos DJs (*disk jockeys*), normalmente com o uso de recursos eletrônicos como *samplers* e sintetizadores.

Ressonância: propriedade acústica de certos materiais ou ambientes que reforça o som.

Reverb: efeito de ambiência caracterizado como uma reflexão sonora próxima – algo como um "eco curto".

Samplers: aparelhos que gravam digitalmente amostras de sons, permitindo que elas sejam utilizadas em composições musicais.

Série harmônica: na acústica musical, cada tom específico (Do, Ré, Mi etc.) que ouvimos, é , na verdade, um conjunto complexo de notas musicais soando simultaneamente. A frequência mais perceptível é a que identificamos como nota "fundamental", e as outras que a acompanham constituem a série harmônica que lhe corresponde.

Sequenciadores: dispositivos de *hardware* ou *software* capazes de armazenar, editar e reproduzir sequências de notas musicais.

Sinfonia: forma de música instrumental para orquestra geralmente em quatro movimentos, derivada originalmente da suíte de danças.

Sonoplastia: conjunto de técnicas destinadas a moldar o som para que ele se enquadre numa determinada proposta cênica. É empregada correntemente em teatro, cinema, televisão e multimídia.

Sonata: forma clássica que é das mais elaboradas nas músicas camerísticas (modalidade executada por instrumentos solo ou pequenos grupos).

Spot: nome que se dá ao programa de anúncio comercial no rádio e na TV.

Storyline: equivale ao "enredo" resumido de uma peça de ficção radiofônica, televisiva ou cinematográfica.

Suíte: peça musical para orquestra ou solistas, baseada em movimentos estilizados de danças antigas, muito popular nos séculos XVI a XVIII.

Tablaturas: sistema gráfico de representação musical específico para cordas e que consiste em localizar, no braço de um instrumento, a posição em que a corda deverá ser pressionada. Por conta dos músicos populares, sobrevive até os dias de hoje.

Taxonomia de Bloom (taxonomia dos objetivos educacionais): é uma classificação dos tipos de aprendizagem, resultado do trabalho de uma comissão multidisplinar de especialistas de várias universidades dos EUA, liderada por Benjamin S. Bloom.

Timbre: parâmetro sonoro que permite identificar o som a partir de sua fonte. É o que diferencia, por exemplo, a mesma nota musical tocada por um piano ou um violão.

Tropicália: movimento musical inspirado pelo concretismo poético e pelo psicodelismo. Projetou-se com os grandes festivais de MPB dos anos 1960 e 1970. Alguns expoentes: Caetano Veloso, Gilberto Gil, Tom Zé, Os Mutantes, Gal Costa e Maria Bethânia.

UHF: *ultra high frequency* – frequência ultraelevada. Faixa de transmissão utilizada por televisores, celulares e alguns aparelhos de rádio.

Wave: formato de áudio padrão do sistema MS-Windows. Literalmente, significa "onda", numa referência à onda sonora.

Webradio: versão virtual de emissora de rádio, concebida para disponibilização de programas pela internet.

REFERÊNCIAS BIBLIOGRÁFICAS

Bibliografia básica

Barbosa Filho, André. *Gêneros radiofônicos*: os formatos e os programas em áudio. São Paulo: Paulinas, 2003.

Cabral, Sérgio. *A MPB na era do rádio*. São Paulo: Moderna, 1996.

César, Cyro. *Como falar no rádio*. São Paulo: Ibrasa, 2002.

Del Bianco, Nélia R.; Moreira, Sônia V. *Rádio no Brasil*: tendências e perspectivas. Rio de Janeiro: UnB/UERJ, 1999.

McLeish, Robert. *Produção de rádio*. São Paulo: Summus, 1999.

Ferrareto, Luiz A. *Rádio*: o veículo, a história e a técnica. Porto Alegre: Sagra Luzzatto, 2001.

Meditsch, Eduardo. *A rádio na era da informação*. Coimbra: Minerva, 1999.

Oliveira, Marcelo C. de; Lopes, Rodrigo de C. *Manual de produção de CDs e fitas demo*. Rio de Janeiro: Gryphus, 1999.

Parada, Marcelo. *Rádio*: 24 horas de jornalismo. São Paulo: Panda, 2000.

Porchat, Maria Elisa. *Manual de radiojornalismo Jovem Pan*. São Paulo: Ática, 2004.

Teixeira Jr., Sérgio. *MP3*: a revolução da música digital. São Paulo: Abril, 2002.

Bibliografia complementar

Alves, Luciano. *Fazendo música no computador*. Rio de Janeiro: Campus, 2002.

Borba, Mauro. *Prezados ouvintes*: histórias do rádio e do pop rock. Porto Alegre: Artes & Ofícios, 2001.

Coronel, Pedro Sánchez. *Adaptação de contos*. São Paulo: Paulinas, 1989.

Do Valle, Sólon. *Microfones*. Rio de Janeiro: Música & Tecnologia, 2002.

Gandin, Danilo; Gandin, Luís A. *Temas para um projeto político-pedagógico*. Petrópolis: Vozes, 2003.

Herández, Fernando; Ventura, Montserrat. *A organização do currículo por projetos de trabalho*. Porto Alegre: Artes Médicas, 1998.

JOURDAIN, Robert. *Música, cérebro e êxtase*: como a música captura a nossa imaginação. Rio de Janeiro: Objetiva, 1998.

MALDONATO, Mauro. *O desafio da comunicação*: caminhos e perspectivas. São Paulo: Palas Athena, 2004.

MILITÃO, Albigenor; MILITÃO, Rose. *SOS dinâmica de grupo*. Rio de Janeiro: Qualitymark, 1999.

MORAES, J. Jota. *O que é música*. São Paulo: Brasiliense, 1991.

MUCHON, Renato Machado. *Som ao vivo*: conceitos e aplicações básicas em sonorização. Rio de Janeiro: H. Sheldon, 2000.

NEGREIROS, Fernanda. *Abrindo caminhos*: iniciação à História da Música e sua relação com outras artes. Rio de Janeiro: Gryphus, 2000.

NIGRO, Márcio; VELHO, João. *Vídeo e áudio digital no Macintosh*. São Paulo: Bookmakers, 2002.

NUNES, Mônica R. F. *O mito no rádio*: a voz e os signos da renovação periódica. São Paulo: Annablume, 1993.

SANTOS, Fátima Carneiro dos. *Por uma escuta nômade*: a música dos sons da rua. São Paulo: Educ, 2002.

SCHAFER, R. Murray. *A afinação do mundo*. São Paulo: Unesp, 1997.

_____. *O ouvido pensante*. São Paulo: Unesp, 1991.

SEAMAN, Patrick; CLINE, Jim. *Som no website*. São Paulo: Quark, 1996.

STEWART, R. J. *Música e psique*. 9. ed. São Paulo: Cultrix, 1999.

SUZIGAN, Geraldo. *O que é música brasileira*. São Paulo: Brasiliense, 1990.

TRAGTEMBERG, Livio. *Música de cena*. São Paulo: Perspectiva, 1999.

VASSALO, Francisco Ruiz. *Manual de caixas acústicas e alto-falantes*. São Paulo: Hemus, 2005.

Vídeos

Explorando o universo da música, série em 12 capítulos, formato: VHS. The Annenberg/ CPB Multimedia Collection.

A história do caso Watergate é contada no filme *Todos os homens do presidente* (1976), de Alan J. Pakula. Estrelado por Dustin Hoffman e Robert Redford.

MTV: *Music Television*, famosa emissora americana com sucursais em vários países. Esse canal é acessível na rede aberta de canais brasileiros.

Sites de interesse

• Cursos e dicas/páginas-guia
www.music-center.com.br
geocities.yahoo.com.br/bbasseto/links.htm
www.soundclick.com (em inglês)

- Letras, cifras e tablaturas
  - www.letrason-line.kit.net
  - cifraclub.terra.com.br
  - www.dianagoulart.pro.br/salaaula/cifraslet.htm
  - www.casa.cifras.nom.br
  - www.pegacifras.com.br
- *Downloads*/MP3
  - www.musicasmaq.com.br
  - baixaki.ig.com.br/categorias/mp3.htm
  - www.mp3.com (em inglês)
  - www.mp3dd.net (em inglês)
- Eventos
  - www.terra.com.br/cgi-bin/index_frame/musica/shows.htm
  - www.omelete.com.br/Interna.aspx?secao=musi
  - www.cafemusic.com.br/casa_show.cfm
  - www.musiconline.com.br
  - www.fml.com.br
- História/biografias
  - www.construindoosom.com.br/
  - www2.uol.com.br/uptodate/500/index4.html
  - www.collectors.com.br
- MPB
  - www.mpbnet.com.br
  - www.renatovivacqua.com
  - www.dicionariompb.com.br
  - www.musicalmpb.com
- Música experimental/novas tendências/debates
  - www2.sfu.ca/sonic-studio/handbook/World_Soundscape_Project.html (inglês)
  - www.unicamp.br/cdmc/compositores.html
  - www.mvhp.com.br/colunamus.htm
- Webradios
  - windowsmedia.com/radiotuner/MyRadio.asp
  - www.dhnet.org.br/radio
  - www.radiobras.gov.br
- Rock/pop
  - www.whiplash.net
  - www.soundchaser.com.br
  - www.laboratoriopop.com.br
- A história do rádio
  - paginas.terra.com.br/arte/sarmentocampos/Historia.htm
  - www.bn.com.br/radios-antigos/radio.htm
  - www.microfone.jor.br/historia.htm

- Áudio
    www.freeaudioclips.com/
    www.freeloops.com
    new.wavlist.com/
- Outros
    - *Núcleo de Comunicação e Educação da Escola de Comunicação e Artes da Universidade de São Paulo*. Trata-se de um grupo de pesquisadores oriundos de várias universidades, algumas estrangeiras, que desenvolvem pesquisas e projetos que enfocam, principalmente, o conceito da educomunicação e seus desdobramentos. Maiores informações podem ser acessadas no site www.usp.br/nce/.
    - *Audacity*: http://audacity.sourceforge.net/download/. Programa de edição de audio
    - Em 1938, o jovem radialista Orson Welles (1915-1985) apavorou parcelas expressivas da população americana com sua adaptação radiofônica para *Guerra dos mundos*, livro do escritor britânico Herbert George Wells (1866-1946) publicado quarenta anos antes. Ouça a gravação do programa em www.mercurytheatre/.
    - Os *jingles* já foram muito mais frequentes no rádio. Alguns deles estão registrados em http://radioclick.globo.com/cbn/editorias/jinglesinesqueciveis.asp.
    - Que tal aprender Geografia ouvindo os *jingles* de outros países? Tente: www.jingles.com/.

Discografia básica para programação musical (gênero erudito)

Autor	Obra
BACH, J. S.	· Concertos de Brandenburgo; O Cravo bem-temperado; Corais
BEETHOVEN, L. V.	· Sinfonias nº 3, 6 e 9
BERILOS, H.	· Sinfonia Fantástica Opus 14
BERNSTEIN, L.	· West Side Story
BIZET, G.	· Carmem Suítes 1 e 2
BRAHMS, J.	· Sinfonia nº 3 Opus 90
BRITTEN, B.	· Guia Orquestral para jovens Opus 34
CHOPIN, F.	· Noturnos e Polonaises para Piano
COPLAND, A.	· Fanfarre for the Common Man
DEBUSSY, C.	· L´après-midi d´un Faune
DONIZETTI, G.	· Cavaleria Rusticana (ópera)

GERSCHWIN, G.	·	Raphsody in Blue; Ópera Porgy and Bess
GOMES, C.	·	O Guarani (ópera)
HAENDEL, G. F.	·	Oratório O Messias
HAYDN, J.	·	Sinfonias nº 94, 100 e 103
HOLST, G.	·	Os Planetas (Suíte Sinfônica)
KHACHATURIAN, A.	·	Spartacus (suíte sinfônica)
LEONCAVALLO, R.	·	Il Pagliacci (ópera)
LIGETI, G.	·	Atmospheres
LISZT, F.	·	Rapsódias Húngaras
MAHLER, G.	·	Sinfonia nº 2 (Ressurreição)
MENDELSSOHN, F. B.	·	Sonho de uma Noite de Verão
MOUSSORGSKY, M.	·	Quadros de uma Exposição
MOZART, W. A.	·	Réquiem; A Flauta Mágica (ópera)
PALESTRINA, G.	·	Missa Papae Marcelli
PROKOFIEV, S.	·	Pedro e o Lobo
PUCCINI, G.	·	Ópera Turandot; Tríptico (óperas)
RIMSKY-KORSAKOV, N.	·	Scheherazade Suíte Sinfônica Opus 35
ROSSINI, G.	·	O barbeiro de Sevilha (ópera)
SAINT-SÄENS, C.	·	O Carnaval dos Animais
SCHOENBERG, A.	·	Pierrot Lunaire
SCHUBERT, F.	·	Sinfonia nº 8 "Inacabada"; Lieds
STRAUSS, J.	·	Opereta O Morcego
STRAUSS, R.	·	Assim Falou Zaratustra
STRAVINSKY, I.	·	A Sagração da Primavera
TCHAIKOVSKY, P. I.	·	O Quebra-Nozes; O Lago dos Cisnes (balés)
VERDI, G.	·	Aída (ópera)
VILLA-LOBOS, H.	·	Bachianas Brasileiras; O trenzinho do caipira
VIVALDI, A.	·	As Quatro Estações
WAGNER, R.	·	Tristão e Isolda; Tanhäuser (óperas)

AGRADECIMENTOS

À minha mulher, Angela, por acreditar neste projeto e me
incentivar, sempre;
a todos os pesquisadores e demais profissionais ligados ao
Núcleo de Comunicação e Educação da Escola de
Comunicação e Artes da Universidade de São Paulo (ECA-USP),
pelo acolhimento, apoio e companheirismo;
ao meu orientador, o professor Ismar de Oliveira Soares,
por ter me iniciado no universo da Educomunicação.

Cadastre-se no site da Contexto
e fique por dentro dos nossos lançamentos e eventos.
www.editoracontexto.com.br

Formação de Professores | Educação
História | Ciências Humanas
Língua Portuguesa | Linguística
Geografia
Comunicação
Turismo
Economia
Geral

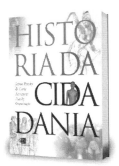

Faça parte de nossa rede.
www.editoracontexto.com.br/redes

editora contexto
Promovendo a Circulação do Saber